marie claire

de wereld keuken

michele cranston

met foto's van

petrina tinslay

inhoud

Onze wereld keuken verandert voortdurend. Met dit boek wil ik de essentie ervan vangen en mijn enthousiasme overbrengen voor het overschrijden van culinaire grenzen. Het verlangen delen naar het ontdekken van nieuwe smaken en producten, van de weelderig groene basilicum uit Italië tot de robijnrode pepers uit Mexico.

Het is moeilijk om te kiezen tussen de mediterrane, zilvergroene salie en geurige rozemarijn, of de bedwelmende specerijen uit het Midden-Oosten en de fris-zure accenten van Zuidoost-Azië. Lange, elegante stengels citroengras, glanzende limoenen en

inleiding

pepers in alle soorten en maten liggen nu hoog opgestapeld op alle markten van de wereld. De bedwelmende geur van kaneel lokt je specerijenwinkels binnen, vol schappen met culinaire schatten. Ontdek de magie van goudgele draadjes saffraan en onderga het aromatische genot van gemalen komijn. Ooit waren ze exotisch, maar naarmate we meer experimenteren, worden deze ingrediënten ons steeds vertrouwder. Uiteindelijk draait het allemaal om het avontuur van het proeven.

hartig

Rozemarijn, basilicum, salie, peterselie, munt en tijm zijn typisch mediterrane kruiden en onmisbaar voor een zonnige lunch. Door hun robuustheid kunnen ze eenvoudige gerechten totaal veranderen. Zowel de smaragdgroene takjes peterselie als de elegante zilvergroene blaadjes salie hebben enorme invloed gehad op de wereld keuken. Geniet van peperige tijm, van de malsheid van basilicum in salades of bij dichtgeschroeide tonijn. De aromatische rozemarijn, met zijn houten stam en naaldvormige blaadjes, vervult alles met zijn heerlijke geur; van winterse bouillons tot smakelijk gebraden lamsvlees. En salie, de fraaiste van alle kruiden, doet het perfect bij kalfsvlees met parmezaan en andere hartige gerechten. Breng een beetje frisheid op tafel met munt of verander een maal met een royale hand peterselie. Vers en simpel: dit zijn echt kruiden om van te genieten!

gemarineerde bocconcinisalade

octopussalade

6-8 kleine vastkokende aardappelen
sap van 2 citroenen
4 tenen knoflook
10-12 takjes tijm
8 baby-octopussen, schoongemaakt
2 handen babyleaf rucola
2 handen bladpeterselie
60 g kleine zwarte olijven
3 eetlepels extra vergine olijfolie
1 citroen, in partjes

Doe de aardappelen in een ruime pan met koud water. Voeg 1 eetlepel zeezout, citroensap, knoflook en tijm toe. Breng aan de kook en laat 10 minuten koken. Voeg de octopus toe en laat nog eens 10 minuten koken. Haal van het vuur en laat alles afkoelen in het water. Haal dan octopus en aardappelen uit de pan en snij ze in blokjes. Verdeel rucola en de meeste peterselie over vier borden. Schik octopus en aardappelen op de rucola. Bestrooi met olijven en garneer met de rest van de peterselie. Breng licht op smaak met zeezout en versgemalen zwarte peper en sprenkel er olijfolie over. Dien op met partjes citroen. Voor 4 personen als voorgerecht.

gemarineerde bocconcinisalade

3 eetlepels extra vergine olijfolie
1 handvol bladpeterselie
1 eetlepel tijmblaadjes
10 muntblaadjes, grof gescheurd
2 eetlepels fijngehakte bieslook
10 basilicumblaadjes, grof gescheurd
4 bocconcini*, in vieren
24 kleine zwarte olijven
2 eetlepels balsamicoazijn*

De met * gemerkte ingrediënten worden verklaard in de woordenlijst (blz. 214-219)

Doe olijfolie, peterselie, tijm, munt, bieslook en basilicum in een kom. Voeg de bocconcini toe en schep goed om. Breng op smaak met zeezout en grofgemalen zwarte peper. Laat minstens 1 uur staan om te marineren.

Schep de gemarineerde kaas op een serveerschaal en bestrooi met olijven. Maak af met een straaltje balsamicoazijn en kruid naar smaak. Voor 4 personen als salade.

dip van rode biet

4 grote rode bieten
250 g yoghurt (stand)
2 theelepels granaatappelsiroop
10 muntblaadjes, fijngehakt
10 walnoten, fijngehakt
geroosterd Turks brood

Verwarm de oven voor op 200 °C. Doe de rode biet in een ovenschaal met 250 ml water. Dek af met folie en bak 1 uur, of tot hij gaar is. Verwijder voorzichtig het vel van de biet (doe eventueel rubber handschoenen aan tegen de rode vlekken).

Doe de rode biet in een keukenmachine of blender en draai glad. Doe alles in een kom en roer er yoghurt en siroop door. Breng op smaak met zeezout en versgemalen zwarte peper. Garneer met munt en walnoten en serveer met geroosterd Turks brood. Voor 6-8 personen als dip.

vers en snel

- Schroei baby-octopus snel dicht op een hete grill en schep om met verse kruiden, olijfolie en citroensap. Serveer met olijven en grof gehakte tomaten.
- Hak alle ingrediënten van de bocconcini-salade fijn en serveer op een lichtgeroosterde en met olie besmeerde plak zuurdesembrood als eenvoudige bruschetta.
- Hak een aantal rode bietjes grof en schep om met verse munt en ringetjes rode ui. Besprenkel met olijfolie en granaatappelsiroop. Serveer bij gegrild lamsvlees.
- Snij de bocconcini in dunne plakjes en voeg ze toe aan een salade van rucola, grof gehakte tomaten, ringetjes lente-ui en gebakken plakjes salami. Voeg de warme salami-olie uit de pan bij de salade, samen met wat balsamicoazijn.

dip van rode biet

salade met prosciutto en sugarsnaps

3 eetlepels olijfolie
8 plakken prosciutto* (of serranoham)
2 knollen venkel, in dunne plakjes
200 g sugarsnaps, geblancheerd en diagonaal in stukjes gesneden
10 muntblaadjes, gescheurd
sap van 1 citroen

Verhit de olijfolie in een ruime koekenpan op halfhoog vuur en bak de ham licht krokant. Laat uitlekken op keukenpapier. Doe venkel, sugarsnaps en munt in een schaal. Besprenkel met de olie uit de pan en het citroensap. Breek de krokante prosciutto in stukjes en voeg bij de salade. Schep om en verdeel over vier borden. Voor 4 personen als voorgerecht.

spaghetti met artisjok, peterselie en kappertjes

1 blik (340 g) artisjokharten, uitgelekt en fijngehakt
30 g grof gehakte bladpeterselie
sap en geraspte schil van 1 citroen
2 eetlepels gezouten kappertjes*, goed afgespoeld
3 handen jonge spinazie
50 g parmezaan, geraspt
2 eetlepels extra vergine olijfolie
400 g spaghetti

Breng een ruime pan gezouten water aan de kook. Doe artisjokharten, peterselie, citroenrasp en -sap, kappertjes, spinazie, parmezaan en de helft van de olijfolie in een ruime schaal en schep om.

Kook de spaghetti in het kokende water beetgaar, giet af en doe in de schaal. Schep alles goed om en besprenkel met de rest van de olijfolie. Verdeel over vier pastakommen en dien meteen op. Draai er versgemalen zwarte peper over. Voor 4 personen.

salade van zoete ui en prosciutto

2 eetlepels olijfolie
8 plakken prosciutto*, gehalveerd
12 sjalotjes, gehalveerd
1 bosje tijm
1 eetlepel bruine suiker
2 eetlepels balsamicoazijn*
125 ml rode wijn
2 rijpe tomaten, in blokjes
1 struikje rode witlof, schoongemaakt
4 plakken volkorenbrood, geroosterd
2 eetlepels extra vergine olijfolie

Verhit de olijfolie in een ruime koekenpan op halfhoog vuur en bak de ham licht krokant. Laat uitlekken op keukenpapier. Doe sjalot en tijm in de pan. Zet het vuur laag, strooi de suiker erbij en voeg azijn en wijn toe. Dek af en laat 10 minuten zachtjes koken.

Doe de tomaat in een kom en kruid met zeezout en versgemalen zwarte peper. Haal het deksel van het uimengsel en leg de blaadjes witlof er een paar minuten op, of tot ze zacht worden. Schep de tomaten om met de sjalot.

Verdeel het brood over vier borden. Leg er witlof op, schep er tomaten, sjalot en prosciutto op. Besprenkel met extra vergine olijfolie en dien meteen op. Voor 4 personen als voorgerecht.

venkelremoulade

2 eidooiers
sap van 1 citroen
250 ml olie
1 eetlepel dijonmosterd
3 grote knollen venkel, schoongemaakt
1 handvol bladpeterselie
4 plakken grof volkorenbrood, geroosterd

Klop eigeel en citroensap samen in een ruime kom. Laat er met een dun straaltje de olie bij lopen en blijf kloppen tot het mengsel dik en romig wordt. Roer de mosterd erdoor, breng op smaak met zeezout en zet de mayonaise apart.

Snij de venkel in vliesdunne plakjes en hak alles grof. Roer goed door de mayonaise en voeg de peterselie toe. Serveer een ruime lepel remoulade met geroosterd brood. Voor 4 personen als voorgerecht.

kruidensoep met vis en schelpen

kruidensoep met vis en schelpen

500 g venusschelpen (vongole)
4 eetlepels olijfolie
2 uien, gesnipperd
2 tenen knoflook, fijngehakt
1 theelepel tijmblaadjes
1 theelepel Spaans paprikapoeder*
14 salieblaadjes, 2 fijngehakt
1 theelepel fijngehakte rozemarijnblaadjes
125 ml witte wijn
4 grote, rijpe tomaten, in blokjes
2 grote aardappelen, in blokjes
2 eetlepels tomatenpuree
500 g filets van witvis, in blokjes gesneden
3 eetlepels fijngehakte bladpeterselie

Laat de schelpen 10 minuten in water staan en gooi exemplaren weg die zich na kloppen niet sluiten. Verhit de helft van de olie in een steelpan op halfhoog vuur. Voeg ui, knoflook, tijm, paprikapoeder, gehakte salie en rozemarijn toe. Bak tot de ui glazig is en voeg dan wijn en schelpen toe. Dek af en kook 1 minuut. Haal de schelpen eruit als ze open zijn en zet ze apart. Voeg tomaat, aardappelen, puree en 750 ml water toe. Laat 10 minuten sudderen, doe de vis erbij en kook nog eens 5 minuten. Bak intussen de salie krokant in de rest van de olie. Voeg peterselie en schelpen bij de soep en garneer met de krokante salieblaadjes. Voor 4 personen.

pasta met boter en gesmoorde paddestoelen

700 g gemengde paddestoelen (grotchampignons, kastanjechampignons, oesterzwammen, shiitake, enoki)
3 eetlepels olijfolie
3 tenen knoflook, gehakt
1 eetlepel verse tijmblaadjes
250 ml witte wijn
250 g verse pasta of gedroogde linguine
2 eetlepels boter
2 eetlepels fijngehakte bladpeterselie
4 eetlepels fijngeraspte parmezaan

Breng een ruime pan gezouten water aan de kook. Snij de paddestoelen door de helft of in kwarten. Verhit de olie in een ruime steelpan op halfhoog vuur en voeg knoflook, paddestoelen en tijm toe. Schep de paddestoelen om en bak tot de knoflook zacht begint te worden. Voeg witte wijn toe en breng op smaak met zeezout. Dek af en laat 7 minuten sudderen. Doe de pasta in het water en kook beetgaar. Giet de pasta af en schep deze dan in de warme pan om met boter en peterselie. Verdeel over vier warme borden. Maak een holte in het midden en vul die met paddestoelen. Besprenkel met het kookvocht van de paddestoelen en draai er versgemalen zwarte peper over. Serveer bestrooid met parmezaan. Voor 4 personen als voorgerecht.

paprikasalade

2 rode paprika's
2 tenen knoflook, in dunne plakjes
4 ansjovisjes, fijngehakt
4 rijpe romatomaten, gehalveerd
80 ml olijfolie
1 handvol bladpeterselie
2 stronkjes witlof, gewassen en fijngesneden
2 hardgekookte eieren, fijngehakt
1 eetlepel gezouten kappertjes*, goed afgespoeld

Verwarm de oven voor op 200 °C. Snij de paprika's in tweeën en verwijder de zaadjes. Leg de paprikahelften met de open kant naar boven op een bakplaat. Bestrooi met knoflook en ansjovis. Leg een tomatenhelft in elke paprikahelft, besprenkel met olijfolie en kruid met zeezout en versgemalen zwarte peper. Bak 1 uur.

Verdeel peterselie en witlof over vier borden. Leg op elk bord een paprikahelft. Bestrooi met gehakt ei en kappertjes. Besprenkel met braadvocht en dien meteen op. Voor 4 personen.

vers en snel

- Maak een simpele pastasaus met een paar smaken van de paprikasalade. Hak wat romatomaten fijn en schep ze om met ansjovis, kappertjes, peterselie en een royale scheut olijfolie. Meng dit door je favoriete pasta en serveer met versgeraspte parmezaan.
- Bak wat gemengde paddestoelen met wat gehakte knoflook, een paar takjes tijm, boter en een scheutje witte wijn. Doe er kruiden op en serveer bij gegrilde biefstuk.
- Maak de schelpen schoon zoals in het recept voor de soep. Verhit wat olie in een ruime koekenpan en roerbak knoflook, ui, wat rozemarijn en salie. Bak tot de ui transparant is, voeg dan wat wijn toe en de schelpen. Dek af en kook 1 minuut. Voeg vers gekookte, beetgare pasta toe en een scheut room. Serveer met wat vers geraspte parmezaan en verse peterselie.
- Maak een snelle salade van dun gesneden witlof, sinaasappelpartjes, verse peterselieblaadjes en kleine zwarte olijven.

pasta met boter en gesmoorde paddestoelen

bonensalade met kerstomaatjes en haloumi

Versgeplukte, gave en knapperige sperziebonen geven elke salade een frisse 'bite'.

kalfskoteletten met salie en parmezaan

bonensalade met kerstomaatjes en haloumi

150 g sperziebonen, schoongemaakt
200 g snijbonen, schoongemaakt
1 eetlepel citroensap
2 eetlepels extra vergine olijfolie
250 g kerstomaatjes, in vieren
1 handvol muntblaadjes
1 handvol basilicumblaadjes
250 g haloumi*
1 eetlepel olijfolie

Snij de sperziebonen in tweeën en de snijbonen in stukken van 1 cm. Zet apart. Doe citroensap en extra vergine olijfolie in een ruime kom en kruid met wat zeezout en versgemalen zwarte peper. Breng een pan gezouten water aan de kook. Doe de bonen erin en kook tot de sperziebonen heldergroen zijn. Giet snel af en schep de bonen om in citroensap en olijfolie. Voeg, als de bonen koud zijn, tomaten, munt en basilicum toe. Snij de haloumi in 8 plakjes. Verhit de olijfolie in een koekenpan op hoog vuur en bak de haloumi aan beide zijden goudbruin. Leg een plakje haloumi op elk bord, schep er de bonensalade over en maak af met nog een plakje haloumi. Voor 4 personen als voorgerecht.

kalfskoteletten met salie en parmezaan

4 salieblaadjes
80 g vers broodkruim
4 eetlepels geraspte parmezaan
2 eetlepels grof gehakte bladpeterselie
2 eieren
4 kalfskoteletten van 200 g
2 eetlepels olijfolie
citroenpartjes
groene salade

Verwarm de oven voor op 200 °C. Doe salie, broodkruim, parmezaan en peterselie in een keukenmachine. Kruid met 1 theelepel zeezout en wat versgemalen zwarte peper en draai alles fijn. Klop de eieren in een kom. Doop elke kotelet in het eimengsel en druk ze dan stevig in het broodkruim. Verhit boter en olie in een ruime koekenpan op halfhoog tot hoog vuur. Bak de koteletten 2 minuten aan elke kant en bak dan nog eens 12 minuten. Serveren met partjes citroen en een groene salade. Voor 4 personen.

dichtgeschroeide tonijn met paprika en ansjovis

rijst met vermicelli, peterselie en puylinzen

dichtgeschroeide tonijn met paprika en ansjovis

2 eetlepels plantaardige olie
2 rode paprika's
4 ansjovis, grof gehakt
1 handvol bladpeterselie
12 basilicumblaadjes
2 eetlepels extra vergine olijfolie
4 tonijnsteaks van 150 g
2 handen jonge spinazie
1 eetlepel balsamicoazijn*

Verhit de helft van de olie in een koekenpan op hoog vuur. Voeg de paprika's toe en bak ze, onder af en toe keren, tot ze aan alle kanten geblakerd zijn. Leg ze in een schaal en dek die af met plasticfolie. Verwijder, als de paprika's afgekoeld zijn, zaad, steel en al het vel dat makkelijk los laat en vang daarbij het vocht op. Snij de paprika's in reepjes en doe deze in een andere schaal. Zeef het vocht uit de eerste kom over ze heen. Doe er de ansjovis, peterselie, basilicum en olijfolie bij. Kruid met versgemalen zwarte peper. Verhit de rest van de olie in de koekenpan op hoog vuur. Schroei hierin de tonijnsteaks 1 minuut aan één kant. Draai de tonijn om, zet het vuur lager en bak nog 3 tot 4 minuten. Verdeel de spinazie over vier borden, leg er de tonijn op en schep er de paprikasalade over. Besprenkel met wat balsamicoazijn en serveer. Voor 4 personen.

geitenkaassalade met selderie, peer en peterselie

1 eetlepel witte wijnazijn
3 eetlepels extra vergine olijfolie
3 stengels bleekselderie, in dunne plakjes
3 nashi-peren, in dunne plakjes
1 handvol bladpeterselie
25 g amandelschaafsel, geroosterd
150 g (jonge) geitenkaas

Doe azijn en olijfolie in een ruime kom. Kruid met zeezout en versgemalen zwarte peper. Meng tot een vinaigrette en voeg selderie, peer, peterselie en amandel toe. Schep om en doe alles op een serveerschaal. Kruimel de geitenkaas over de salade en dien meteen op. Voor 4 personen.

rijst met vermicelli, peterselie en puylinzen

5 eetlepels olijfolie
3 tenen knoflook, gehakt
3 rode uien, in ringen
2 theelepels komijnpoeder
1 nestje eiervermicelli
250 g basmatirijst
100 g puylinzen*
1 handvol bladpeterselie
tahinsaus (zie basisrecepten)

Verhit 2 eetlepels van de olijfolie in een koekenpan en doe er knoflook, uien en komijn in. Bak op halfhoog vuur, onder nu en dan roeren, tot de uien donkerbruin en gekarameliseerd zijn. Verhit ondertussen de rest van de olie in een ruime steelpan op halfhoog vuur. Knijp de vermicelli fijn en voeg toe aan de olie. Roer tot de pasta goudgeel is en voeg dan rijst en linzen toe. Roer om en voeg 800 ml water toe. Breng aan de kook, temper het vuur, dek af en laat 20 minuten sudderen of tot het water is geabsorbeerd. Breng op smaak met zeezout, roer er de gekarameliseerde ui door en schep in een serveerschaal. Garneer met peterselie en dien op met tahinsaus. Geef bij gegrilde kip of kruidige worstjes. Voor 4 personen als bijgerecht.

vers en snel

- Maak een verse salade met peer en waterkers en serveer bij dungesneden, gebakken eendenborst.
- Snij geroosterde paprika in blokjes en schep ze om met wat fijngesneden ansjovis, basilicum en zwarte olijven. Besprenkel met olijfolie en een scheutje balsamicoazijn. Schep over gegrilde biefstuk of lamsfilet.
- Verhit 2 eetlepels olie in een koekenpan en doe er wat gehakte knoflook, 4 in ringetjes gesneden rode uien en 4 theelepels komijnpoeder bij. Bak op laag vuur tot de ui gekarameliseerd is. Voeg 125 ml rode wijn toe, laat een paar minuten sudderen en serveer bij gegrilde varkensworstjes.
- Maak een snelle en makkelijke salade van dun gesneden beenham, parmezaan, plakjes peer en rucola. Serveer met reepjes met olie besmeerd en geroosterd zuurdesembrood.

geitenkaassalade met selderie, peer en peterselie

met tijm en sumak dichtgeschroeide tonijn met muntaardappelen

Sumak, een peperige specerij uit het Midden-Oosten, krijgt tegenspel van de zoete frisheid van munt

met tijm en sumak dichtgeschroeide tonijn met muntaardappelen

600 g nieuwe aardappelen
1 eetlepel fijngehakte verse tijm
3 eetlepels fijngehakte bieslook
3 eetlepels sumak
1 tonijnfilet van 500 g, in kleinere stukken gesneden
2 eetlepels olijfolie
6 eetlepels extra vergine olijfolie
1 eetlepel citroensap
1 handvol muntblaadjes

Doe de aardappelen in een ruime pan koud water met 1 eetlepel zeezout en breng aan de kook op hoog vuur. Leg een deksel op de pan als het water kookt en haal van het vuur. Laat de aardappelen 30 minuten staan. Doe tijm, bieslook en sumak op een bord en rol de tonijn door de kruiden tot alle stukken goed bedekt zijn.

Verhit de olijfolie in een grote koekenpan op hoog vuur. Schroei de tonijn 2 minuten aan elke kant en haal de pan van het vuur. Laat de tonijn in de pan rusten.

Meng voor de dressing 4 eetlepels extra vergine olijfolie met het citroensap in een kommetje. Giet de aardappelen af en doe ze terug in de warme pan. Breek met een grote lepel de aardappelen in grove stukken en voeg de rest van de extra vergine olijfolie toe. Breng op smaak met zeezout en versgemalen zwarte peper.

Snij de tonijn in blokjes en serveer op de aardappelen. Strooi er munt over en besprenkel met de dressing. Voor 4 personen.

lamskoteletten met tomaten-peterseliesalade

4 eetlepels couscous
2 theelepels boter
4 theelepels komijnpoeder
3 rijpe romatomaten, in blokken gesneden
1 kleine komkommer (of een halve grote), in blokken gesneden
halve rode ui, gesnipperd
1 handvol bladpeterselie, grof gehakt
1 eetlepel balsamicoazijn*
3 eetlepels extra vergine olijfolie
8 lamskoteletten

Doe de couscous in een kom met boter, komijnpoeder en 125 ml kokend water. Dek af en laat 2-3 minuten trekken.

Maak ondertussen de tomaten-peterseliesalade door tomaten, komkommer, ui, peterselie, azijn en olijfolie te mengen in een ruime schaal. Breng op smaak met zeezout en versgemalen zwarte peper en schep alle ingrediënten goed om in de dressing. Maak de couscous luchtig met een vork en schep door de salade. Barbecue of gril de koteletten 2-3 minuten aan elke kant. Haal van het vuur, bestrooi met zeezout en laat 1 minuut rusten. Verdeel de salade over vier borden en leg er de koteletten op. Voor 4 personen.

gort- en baconsoep

2 eetlepels boter
2 tenen knoflook, fijngehakt
3 preien, gewassen en fijngehakt
2 theelepels verse tijmblaadjes
1 theelepel fijngehakte rozemarijnblaadjes
4 dikke plakken bacon, in blokjes
1 winterwortel, geraspt
2 stengels bleekselderie, in dunne plakjes
175 g parelgort
2 liter kippen- of groentebouillon
1 hand bladpeterselie
50 g geraspte parmezaan

Smelt de boter in een ruime pan op halfhoog vuur en voeg knoflook en prei toe. Roerbak 1 minuut en doe er tijm, rozemarijn en bacon bij. Bak tot de prei zacht en doorschijnend is. Doe er wortel, selderie en gort bij en roerbak nog 5 minuten. Giet de bouillon erbij, leg er een deksel op en laat zachtjes 1 uur sudderen of tot de gort zacht is.

Schep de soep in vier kommen en strooi er peterselie en parmezaan over. Voor 4 personen.

venkel- en tomatensalade

3 knollen venkel, schoongemaakt
1 eetlepel verse tijmblaadjes
2 eetlepels citroensap
8 eetlepels extra vergine olijfolie
500 g trostomaatjes, aan de steel
1 eetlepel balsamicoazijn*
2 theelepels fijne tafelsuiker of witte basterd
70 g parmezaan, geschaafd
1 handvol basilicum

Verwarm de oven voor op 200 °C. Snij de venkel van boven naar onder in een paar dikke plakken. leg ze op een bakplaat met de tijm en besprenkel met citroensap en 4 eetlepels olijfolie. Dek af met folie en zet in de oven.

Doe de tomaten in een ovenschaaltje en besprenkel met azijn en de rest van de olijfolie. Bestrooi met suiker, dek af met folie en zet in de oven. Bak de tomaten en venkel 30 minuten of tot de tomaten beginnen te barsten.

Leg venkel, tomaten en parmezaanschaafsel in laagjes op de borden, samen met de basilicum. Lepel er het braadvocht over en serveer met warm knapperig brood. Voor 4 personen als voorgerecht.

lamsschenkel met witte bonen

125 g bloem
4 lamsschenkels (samen ongeveer 1,2 kg)
8 eetlepels olijfolie
1 grote rode ui, in ringen
2 tenen knoflook, fijngehakt
2 theelepels rozemarijnblaadjes
1 stengel bleekselderie, in stukjes
2 winterwortels, in plakjes
200 g gedroogde witte bonen, een nacht geweekt
500 ml kalfsbouillon (zie basisrecepten)
125 ml droge marsala*
mierikswortelgremolata (zie basisrecepten)

Verwarm de oven voor op 200 °C. Doe de bloem in een plastic zak, leg de schenkels erin en schud tot ze goed bedekt zijn. Verhit de helft van de olijfolie in een braadpan. Leg de schenkels erin en draai ze om tot ze aan alle kanten bruin zijn. Haal van het vuur en zet apart. Verhit de rest van de olie in een koekenpan op halfhoog vuur. Doe er ui, knoflook en rozemarijn in en bak tot de ui zacht is en goudgeel. Schep ui, selderie, wortel en geweekte bonen over de lamsschenkels en voeg bouillon en marsala toe. Leg een deksel op de pan, bak 2 uur in de oven en beweeg de schenkels halverwege even op en neer in de pan. Haal uit de oven en schenk er wat mierikswortelgremolata over. Voor 4 personen.

vers en snel

- Snij een venkelknol in dunne plakjes en schep deze om met extra vergine olijfolie, citroenrasp en -sap en fijngehakte bladpeterselie. Breng op smaak met zeezout en witte peper. Laat 30 minuten staan en serveer dan bij gegrilde tonijn en een salade van gekookte nieuwe aardappelen.
- Bak 4 hoeveelheden trostomaatjes aan de steel in wat olie en balsamicoazijn tot de tomaatjes barsten. Serveer bij gegrilde biefstuk en garneer met wat vers geraspte mierikswortel en een scheutje van het braadvocht.
- Stoof een aantal lamsschenkels langzaam gaar in rode wijn, knoflook en grof gehakte ui en tomaten. Haal het vlees van het bot en hak het grof. Schep om met de ui en tomaat en serveer met risoni* of je favoriete pasta. Lekker verwarmend wintermaal!
- Vers gemaakte mierikswortelgremolata (zie basisrecepten) is geweldig over elke lams- of visschotel. Voeg als extra touch aan lamsvlees wat fijngehakte munt toe.

venkel- en tomatensalade

friszuur

Limoen en citroengras zijn de smaken die een frisse toets geven aan de keukens van Zuidoost-Azië. Denk maar aan het aroma dat vrijkomt als fijngehakt citroengras het hete metaal van de wok raakt of de opvallende, zure frisheid van limoensap. De citroenblaadjes van de citrus hystrix-struik verlenen een wonderlijke citrusachtige toets aan curry's. Maal het fijngehakte, glanzende donkergroene blad tot pasta en geniet van de smaak bij gekruide vis of bij zalm- en limoenviskoekjes. Maar de lange, bleekgroene stengels citroengras zijn misschien wel de subtielste leden van deze fris-zure familie. Tegenwoordig is dit delicate citroenaroma net zo vertrouwd in westerse keukens als in die van Azië.

gestoomde kip met cashewnoten en muntsalade

gestoomde kip met cashewnoten en muntsalade

3 eetlepels limoensap
2 theelepels suiker
2 eetlepels olijfolie
schil van 1 limoen
1 stengel citroengras*, schoongemaakt, onderkant verwijderd, grof gehakt
2 tenen knoflook
1 eetlepel vers geraspte gember
1 grote rode peper, zonder zaadjes en grof gehakt
1½ eetlepel vissaus*
halve theelepel gemalen witte peper
4 kipfilets van 200 g
200 g taugé
25 g Vietnamese munt*
80 g grof gehakte en geroosterde cashewnoten

Meng voor de dressing limoensap, suiker en olijfolie. Doe limoenschil, citroengras, knoflook, gember, rode peper, vissaus en witte peper in een keukenmachine en draai tot pasta. Wrijf hier de kip mee in en leg deze 20 minuten in een stoommandje in een pan kokend water. Meng taugé en munt en schep op een serveerschaal. Snij de kip overdwars en schik de stukken op de salade. Bestrooi met cashews en besprenkel met de dressing. Geef er gestoomde rijst bij. Voor 4 personen.

avocadosalsa met rode peper

2 avocado's
2 limoenen
1 eetlepel gesnipperde rode ui
8 kerstomaatjes, fijngehakt
1 rode peper, zonder zaadjes en fijngehakt
1 eetlepel fijngehakt korianderblad
2 eetlepels extra vergine olijfolie
2 theelepels Spaans paprikapoeder*
1 handvol korianderblad
4 kleine maïstortilla's, gebakken of geroosterd boven een vlam

Snij de avocado over de lengte in tweeën. Verwijder de pit en schep het vlees in zijn geheel uit de schil. Leg de halve avocado's met de platte kant op een bord en snij ze in waaiervorm in dunne plakjes. Pers een halve limoen uit over elke avocadohelft en kruid met zeezout en versgemalen zwarte peper. Meng ui, tomaat, rode peper en gehakte koriander en sprenkel dit over de avocado. Maak af met wat olijfolie en paprikapoeder. Garneer met blaadjes koriander en serveer met getoaste tortilla's. Voor 4 personen als voorgerecht.

mango- en kokoschutney

90 g kokosrasp (santen)
1 grote groene peper, zonder zaadjes en grof gehakt
2 theelepels verse, fijngeraspte gember
2 theelepels limoensap
5 eetlepels yoghurt
60 g mango, in blokjes
2 eetlepels plantaardige olie
4 theelepels mosterdzaad
4 takjes curryblad*

Doe kokos, groene peper en gember in een keukenmachine en draai tot fijne pasta. Doe het mengsel in een kom en voeg limoensap, yoghurt en mango toe.

Verhit de olie in een kleine koekenpan op halfhoog vuur en doe er mosterdzaad en curryblad in. Haal de pan van het vuur als het mosterdzaad begint te knappen en schep over het kokosmengsel. Laat de curryblaadjes uitlekken op keukenpapier.

Roer het mosterdzaad door het kokosmengsel en verdeel dit over kommetjes. Garneer met de curryblaadjes en serveer met de limoengarnalen van bladzijde 56. Voor 4 personen als bijgerecht.

vers en snel

- Verse Indiase chutneys zijn, net als salsa's, een geweldige manier om een beetje kruidigheid aan een maal te geven. Als je niet van mango houd, vervang die dan door papaja of komkommer in het recept hierboven.
- De korst van de gestoomde kip doet het ook goed bij zalm of kabelhauw. Wrijf de pasta over de vis en stoom of bak hem tot de filets gaar zijn. Geef er een Aziatische groentesalade of een gemengde jonge sla bij.
- Hak avocado in blokjes en schep om met limoensap, rode pepers, koriander, komkommer en gevierendeelde kers-tomaatjes. Kruid en schep over gegrilde vis en besprenkel met wat extra vergine olijfolie.
- Taugé is erg kort houdbaar en moet echt worden gebruikt op de dag van aanschaf. Als je tijd hebt en niet veel gebruikt, kun je het uiteinde verwijderen en de spruiten halveren, zodat je alleen de witte, knapperige steeltjes overhoudt. Als je een grote hoeveelheid over hebt, spoel die dan af onder koud water, hak het grof en roerbak met wat oestersaus en rode peper. Garneer met verse limoen en serveer als bijgerecht.

avocadosalsa met rode peper

zalm met citroengras en zwarte-azijndressing

1 stengel citroengras*
1 eetlepel fijngeraspte, verse gember
6 eetlepels mirin*
2 eetlepels Chinese zwarte azijn*
500 g spinazie, gewassen en zonder steeltjes
4 lente-uitjes, schoongemaakt en in stukjes van 3 cm
4 zalmfilets van 180 g

Verwijder de buitenste bladen en de onderkant van het citroengras, snij de stengel over de lengte in tweeën en hak in stukjes van 3 cm. Meng in een kommetje met de gember en azijn.

Doe spinazie en lente-ui in een ruime koekenpan. Voeg 250 ml water toe en leg er de zalm op. Zet op hoog vuur en dek af zodat het water de spinazie begint te stomen. Stoom nog acht minuten door.

Verwijder voorzichtig de zalm en leg hem op warme borden, samen met de spinazie en lenteui. Schep er de dressing over. Kruid met versgemalen zwarte peper. Voor 4 personen.

gekruide vis

2 tenen knoflook
stukje galanga* van 3 cm, geschild en fijngehakt
3 kleine rode pepers, zonder zaadjes en fijngehakt
stukje gember van 3 cm, geschild en fijngehakt
2 stengels citroengras*, schoongemaakt en fijngehakt
15 macadamia-noten
2 eetlepels olijfolie
2 rode uien, in ringen
8 citroenblaadjes (daun djeroek poeroet of poeroetblaadjes)*
1 blik (400 ml) kokosmelk* ('creamed coconut')
2 tomaten, in blokjes
500 g stevige witte visfilet (zeeduivel, zeewolf), in blokken gesneden
80 g verse koriander
gestoomde rijst.

Doe knoflook, galanga, rode pepers, gember, citroengras en noten in een keukenmachine of blender en draai tot een dikke pasta.

Verhit de olijfolie in een koekenpan op halfhoog vuur en doe er ui en citroenblaadjes bij. Bak tot de ui zacht is. Voeg de kruidenpasta toe en roer tot alles begint te geuren. Voeg kokosmelk, tomaten en vis toe en laat 8 minuten sudderen. Maak op smaak met zeezout en versgemalen zwarte peper. Garneer met takjes koriander en serveer met gestoomde rijst. Voor 4 personen.

roergebakken spinazie en waterkers

1 eetlepel plantaardige olie
2 eetlepels fijngehakt citroengras*
2 rode paprika's, fijngesneden
90 g waterkastanjes* (uit blik), grof gehakt
500 g spinazie, fijngesneden
400 g waterkers, zonder steeltjes
1 eetlepel lichte sojasaus
2 theelepels bruine suiker
1 eetlepel vissaus*

Verhit de olie in een wok of een ruime koekenpan op halfhoog tot hoog vuur. Doe citroengras en rode peper in de pan, bak 1 minuut, en voeg paprika toe. Bak de paprika nog een minuut en doe or dan waterkastanjes, spinazie en waterkers bij. Roerbak 1 minuut of tot de blaadjes slap worden en doe er sojasaus, suiker en vissaus bij. Schep om en dien meteen op met gestoomde jasmijnrijst of gladde witte noedels. Voor 4 personen.

chipotlekip

2 theelepels piment*
1 theelepel kaneel
2 theelepels komijnpoeder
2 theelepels korianderpoeder (ketoembar)
1 eetlepel fijngehakte chipotlepeper* (uit blik)
2 eetlepels verse oregano
4 eetlepels olijfolie
2 eetlepels limoensap
4 kipdrumsticks
4 kipkarbonades
rasp en sap van 1 sinaasappel
1 blik tomaten (400 g)
2 groene paprika's, in stukken
couscous (zie basisrecepten)
20 groene olijven, ontpit en grof gehakt

Doe piment, kaneel, komijn, koriander, chipotlepeper, oregano, olijfolie en limoensap in een grote kom en roer alles om. Voeg kip toe en schep die er goed door. Dek af en laat een paar uur of een nacht marineren in de koelkast. Verhit een ruime koekenpan op hoog vuur, doe de kip erin en bak hem goudbruin. Laat uitlekken op keukenpapier. Verwijder overtollig vet uit de pan en voeg sinaasappelrasp en -sap, tomaat, paprika en kip toe. Dek af en laat 30 minuten sudderen. Serveer op een bed van couscous, gegarneerd met groene olijven. Voor 4 personen.

kip met citroenblad

4 kipfilets van 200 g
8 citroenblaadjes (poeroetblaadjes)*
2 eetlepels palmsuiker*, geschaafd
1 teen knoflook
4 theelepels vissaus*
15 blaadjes munt
3 eetlepels olijfolie
250 g sugarsnaps, geblancheerd en diagonaal gesneden
gestoomde rijst

Snij de kipfilets in de lengte in vieren en doe alles in een schaal. Knip de citroenblaadjes met een keukenschaar fijn en doe ze samen met palmsuiker, knoflook, vissaus, munt en olijfolie in een keukenmachine of blender. Laat 1 minuut draaien. Giet deze marinade over de kip en schep goed om. Dek af en laat 1 uur of een hele nacht marineren in de koelkast. Verhit een koekenpan met antiaanbaklaag en bak de stukken kip een paar minuten aan elke kant. Serveer met de sugarsnaps en gestoomde rijst.
Voor 4 personen.

aziatische groentesalade

2 theelepels sambal oelek
1 eetlepel fijngehakt citroengras*
3 eetlepels limoensap
1 eetlepel palmsuiker*
1 eetlepel fijngehakte munt
300 g haricots verts, schoongemaakt en gehalveerd
1 rode paprika, in dunne reepjes
90 g taugé
1 kleine komkommer (of een halve grote), in dunne reepjes
stukje daikon* van 8 cm, geschild en in dunne reepjes
1 wortel, geschild en in dunne reepjes
40 g fijngehakte, geroosterde pinda's

Doe voor de dressing sambal, citroengras, limoensap, palmsuiker en munt in een kommetje en meng alles.

Blancheer de haricots in kokend water tot ze donkergroen zijn, giet af en spoel ze na met koud water. Doe ze in een schaal met de andere ingrediënten, behalve de pinda's, en schep om. Giet de dressing erbij, schep de salade om en laat 15 minuten rusten voor het serveren. Garneer met de pinda's en serveer bij elk een eenvoudig rijstgerecht. Voor 6 personen als bijgerecht.

kabeljauwrolletjes met limoen, cashews en zwarte azijn

120 g gezouten en geroosterde cashews
1 grote rode peper, zonder zaadjes en grof gehakt
1 handvol verse koriander
2 theelepels fijngeraspte limoenschil
1 eetlepel limoensap
500 g kabeljauwfilet, in 12 porties
12 velletjes rijstpapier
2 eetlepels arachideolie
2 eetlepels Chinese zwarte azijn* of balsamicoazijn

Doe cashews, koriander, limoenrasp en -sap in een keukenmachine of blender en draai tot een pasta. Doe 1 eetlepel van de cashewpasta op elk stukje vis en zet apart. Doop een velletje rijstpapier in water tot het zacht is. Leg op een droge ondergrond en leg er de vis op. Vouw het papier om de vis tot een mooi pakje. Zet apart en herhaal met de rest van de vis.

Verhit de helft van de olie in een koekenpan met antiaanbaklaag op halfhoog vuur en bak de vispakketjes. Bak 3 minuten aan elke kant, tot ze goudbruin zijn. Je kunt eventueel wat meer olie gebruiken. Serveer met de azijn als dipsaus. Voor 4 personen als voorgerecht.

vers en snel

- Chinese zwarte azijn is verkrijgbaar in Aziatische toko's en is een geweldig ingrediënt om in voorraad te hebben. Door zijn volle smaak is het zowel een fantastische dipsaus als een basis voor eenvoudige sauzen. Als je hem niet kunt vinden, gebruik je een licht gezoete balsamicoazijn.
- Meng 3 eetlepels limoensap met 1 eetlepel geschaafde palmsuiker, 2 theelepels vissaus, wat fijngehakt citroengras en koriander en giet dit over vers gegrilde garnalen of vis.
- Gebruik rijstpapier voor makkelijke hapjes bij de barbecue. Verpak je favoriete ingrediënten in de zacht gemaakte velletjes en schroei ze dicht op een goed met olie ingevette grillpan. Laat even afkoelen en geef ze door met een kommetje Chinese zwarte azijn of een Vietnamese dipsaus (zie basisrecepten).
- Citroenblaadjes zijn een geweldige basis voor een marinade bij vis of kip. De makkelijkste manier om er dunne reepjes van te maken is met een keukenschaar. Knip de blaadjes boven een kom en voeg wat gehakte rode peper, limoensap en olijfolie toe. Schep garnalen, visfilets of stukken kip om in de marinade en laat een paar uur of een nacht marineren.

kabeljauwrolletjes met limoen, cashews en zwarte azijn

zalm- en limoenviskoekjes

Heerlijke smaragdgroene limoenen geven elk gerecht een fris-zure touch.

zalm- en limoenviskoekjes

6 citroenblaadjes*, waarvan 2 in dunne reepjes en gehakt
500 g zalmfilet, zonder vel en graat
160 g vers broodkruim
2 eetlepels fijngehakte korianderblaadjes
2 eetlepels zeer fijngehakt citroengras*
2 grote rode pepers, zonder zaadjes en fijngehakt
30 g fijngesneden lente-ui
2 eieren
2 theelepels vissaus*
1 eetlepel limoensap
1 theelepel gemalen witte peper
80 ml plantaardige olie
2 limoenen, gehalveerd
groene salade

Doe 250 ml water en 4 citroenblaadjes in een koekenpan op hoog vuur. Voeg de zalm toe, temper het vuur en laat met een deksel 5 minuten sudderen, of tot de vis gaar is.

Breek met een vork de afgekoelde zalm in stukken en meng in een kom met broodkruim, gesnipperde citroenblaadjes, koriander, citroengras, lente-ui, eieren, vissaus, limoensap en witte peper. Vorm hier 12 koekjes van. Verhit wat olie in een koekenpan met antiaanbaklaag op halfhoog vuur en bak de viskoekjes in porties goudbruin. Voeg meer olie toe als het nodig is. Serveer met de halve limoenen en een groene salade. Voor 4 personen.

vietnamese rundvleessoep

2 liter runderbouillon
1 stengel citroengras*, geplet
halve theelepel Chinees vijfkruidenpoeder*
1 eetlepel fijngehakte, verse gember
2 rode uien, in ringen
180 g gedroogde rijstvermicelli
400 g rosbief, half bevroren (dat snijdt makkelijker), in dunne plakjes gesneden
3 eetlepels vissaus*
80 g munt
90 g verse koriander
50 g Vietnamese munt*

Doe bouillon, citroengras, vijfkruidenpoeder, gember en ui in een ruime pan op hoog vuur en breng aan de kook. Draai het vuur lager en laat 10 minuten sudderen. Doe de rijstvermicelli in een ruime kom en schenk er kokend water over. Laat 5 minuten trekken, giet af en zet apart.

Voeg het vlees en de vissaus bij de soep en laat 1 minuut sudderen. Verdeel de noedels over vier kommen en schep er de hete soep over. Verwijder de stengel citroengras. Strooi een handvol gemengde kruiden over elke kom en dien meteen op. Voor 4 personen.

geurige noedels met dichtgeschroeide zalm

200 g boekweitnoedels (soba)
2 eetlepels olijfolie
4 zalmfilets van 180 g, met vel
2 theelepels sesamolie
1 eetlepel fijngeraspte, verse gember
2 tenen knoflook, fijngehakt
2 grote rode pepers, zonder zaadjes en fijngehakt
4 lente-uitjes, fijngesneden
2 theelepels limoensap
1 eetlepel sojasaus
1 theelepel vissaus*
30 g Chinese bieslook, in stukjes van 2 cm geknipt

Breng een ruime pan water aan de kook en kook de noedels beetgaar. Giet af en spoel na met koud water.

Verhit een grote koekenpan of wok op hoog vuur en doe er de helft van de olijfolie in. Bak de zalm, met vel naar beneden 1 minuut. Draai om, bak nog 2 minuten en haal uit de pan. Giet de olie af en verhit de sesamolie en de rest van de olijfolie. Voeg gember, knoflook, rode peper, lente-ui, limoensap, soja- en vissaus toe. Roerbak 1 minuut, voeg de noedels bij en schep om. Haal van het vuur en strooi de bieslook erover. Schep om, verdeel noedels over vier borden en leg er de zalm op. Voor 4 personen.

gamba's met tomatensaus

2 eetlepels olijfolie
5 tenen knoflook, in dunne plakjes
5 lente-uitjes, in ringetjes
5 citroenblaadjes (poeroetblaadjes)*
5 trostomaten, fijngehakt
20 g palmsuiker*, geschaafd
4 eetlepels limoensap
1 eetlepel vissaus*
20 rauwe gamba's, gepeld, zonder darmkanaal en met staart

Verhit voor de tomatensaus de olie in een steelpan op halfhoog vuur en bak knoflook en lente-ui goudgeel. Voeg citroenblaadjes en tomaten toe en laat 5 minuten sudderen of tot de tomaat zacht is. Doe er suiker, limoensap en vissaus bij en laat nog eens 10 minuten sudderen. Haal van het vuur.

Verhit een koekenpan met antiaanbaklaag op hoog vuur en bak de gamba's ongeveer 2-3 minuten, of tot ze aan beide kanten roze zijn en opkrullen. Serveer met de tomatensaus.
Voor 4 personen.

geschroeide zalm met groene-mangosalade

2 eetlepels tamarindepulp*
2 eetlepels fijngeraspte, verse gember
1 eetlepel olijfolie
4 zalmfilets van 100 g
60 ml limoensap
3 eetlepels vissaus*
3 eetlepels suiker
2 groene mango's
4 handen spruiten van peultjes (of taugé)

Doe tamarinde, gember en olijfolie in een kommetje en meng. Schep de zalm om met het mengsel en laat 30 minuten marineren.

Meng voor de salade limoensap, vissaus en suiker in een kom en roer tot de suiker oplost. Schil de mango's en snij het vlees in dunne reepjes of rasp het. Voeg bij de dressing.

Verhit een koekenpan met antiaanbaklaag op halfhoog vuur en bak de zalm 2 minuten aan elke kant. Serveer bij de salade en de peulspruiten. Voor 4 personen als voorgerecht.

pijlinktvis met rodepeperdressing

1 kleine rode peper, zonder zaadjes en fijngehakt
4 eetlepels rijstwijnazijn*
2 eetlepels extra vergine olijfolie
2 theelepels sesamolie
4 theelepels fijne tafelsuiker of witte basterd
4 theelepels vissaus*
1 eetlepel limoensap
1 eetlepel fijngehakte munt
400 g waterkers, losse takjes
130 g daikon*, in dunne reepjes
600 g kleine pijlinktvis, schoongemaakt

Doe voor de dressing rode peper, azijn, olijfolie, sesamolie, suiker, vissaus, limoensap en munt in een kom en meng alles. Meng waterkers en daikon in een andere kom. Verdeel over vier kleine borden.

Snij de lichaamszak van de inktvissen kruislings in met een scherp mes. Verhit een koekenpan met antiaanbaklaag op hoog vuur en bak de inktvis 1-2 minuten, of tot hij net wit is. Haal van het vuur en snij in blokjes. Doe alles in de kom met de dressing en schep goed om. Leg de stukjes inktvis op de salade en giet er de rest van de dressing over. Voor 4 personen als voorgerecht.

geroosterde kip met ingemaakte limoen

1 scharrelkip van 1,8 kg
1 citroen, gehalveerd
1 ui, in vieren
2 eetlepels boter
3 eetlepels Indiase 'lime pickle'* (ingemaakte limoen), fijngehakt
1 handvol waterkerstakjes
aardappelpuree

Verwarm de oven voor op 200 °C. Spoel de kip af en dep droog met keukenpapier. Leg de kip in een ovenschaal, met de borst naar boven en vul met citroen en ui. Schuif boter onder het vel van de borst. Wrijf de limoen over de kip en bestrooi licht met zeezout. Bak 1 uur en 15 minuten, of tot hij gaar is. Haal de kip uit de oven en test op gaarheid door een poot van het lichaam te trekken: het vocht dat eruit stroomt moet doorzichtig en niet roze zijn.

Laat de kip 15 minuten rusten, snij deze vervolgens en leg op een serveerschaal. Besprenkel met wat braadvocht en garneer met takjes waterkers. Geef er aardappelpuree bij of tomaten-spinazierijst (blz. 147). Voor 4 personen.

geroosterde-pompoensalade

2 rode paprika's
800 g pompoen, geschild
4 eetlepels olijfolie
1 eetlepel fijngehakt citroengras*
1 eetlepel citroensap
1 theelepel sesamolie
1 theelepel palmsuiker*, geschaafd
1 theelepel sojasaus
100 g rucola

Verwarm de oven voor op 180 °C. Rooster de paprika's tot het vel geblakerd of zwart is en doe ze in een kom. Dek af met plasticfolie en zet weg. Hak de pompoen in 8 grote stukken en leg ze op een bakplaat. Wrijf in met de helft van de olie en plaats in de oven. Bak 40 minuten of tot de pompoen helemaal gaar is. Pel ondertussen de paprika, verwijder de zaadjes en snij in blokjes. Doe alles in een kom met citroengras, citroensap, sesamolie, palmsuiker, sojasaus en de rest van de olijfolie. Roer om.

Serveer de geroosterde pompoen op een bed van rucola en schep er het paprikamengsel over. Kruid met versgemalen zwarte peper. Voor 4 personen.

sesamchips met limoengarnalen

1 eetlepel fijngehakt citroengras
1 rode peper, zonder zaadjes en fijngehakt
2 eetlepels limoensap
3 eetlepels olijfolie
16 grote, rauwe gamba's, gepeld, zonder darmkanaal en met staart
8 sesamcrackers (zie basisrecepten)
80 g verse koriander
4 eetlepels citroenmayonaise (zie basisrecepten)

Doe citroengras, rode peper, limoensap en olijfolie in een kom. Doe de gamba's erbij, dek af en laat enkele uren marineren in de koelkast.

Maak ondertussen de sesamcrackers en zet ze apart. Verhit een ruime koekenpan met antiaanbaklaag op halfhoog vuur. Bak hierin de garnalen 2-3 minuten of tot ze roze zijn en opkrullen.

Leg op elk bord een sesamchip, leg daar gamba's, takjes koriander en een flinke lik citroenmayonaise op en maak af met nog een sesamcracker. Voor 4 personen als voorgerecht.

vers en snel

- Indiase 'lime pickle' is echt zo'n keukenkastgeheim. Hak het fijn en schep door couscous en garneer met verse kruiden voor een eenvoudig bijgerecht. Of voeg de gehakte limoen bij blokjes komkommer en tomaten, besprenkel met wat olie en schep alles over gegrilde vis of kip.
- Er gaat niets boven de combinatie van garnalen en verse limoen. Schep garnalen om in een mengsel van limoensap, paprikapoeder, verse koriander en wat olijfolie. Laat een paar uur of een nacht marineren en gril alles heel even. De garnalen hebben maar weinig tijd nodig omdat ze al 'gegaard' zijn door het limoensap.
- Gefrituurde wontonvellen zijn een heerlijke snack. Frituur ze zonder het jasje van sesamzaad en serveer ze met een simpele topping. Of kruid het geklopte ei met zeezout, zwarte peper en rodepepervlokken voor wontons met een beetje pit.
- Schep stukken pompoen om in wat sojasaus en fijngehakt citroengras, limoensap en olijfolie. Bak goudbruin en serveer bij geroosterde kip.

sesamcrackers met limoengarnalen

op smaak

Niet alles is zwart of wit. Je hoeft maar te kijken naar de zilvergrijze korrels van de foutief 'witte peper' genoemde peper, om te zien dat er meer is om een gerecht op smaak te brengen dan fraaie vlokken zeezout. Maar nu we het er toch over hebben: zout en peper vormen een van de meest voorkomende en belangrijkste combinaties in de keuken. Een salade van zoete rode tomaten is net zo ondenkbaar zonder een royale dosis kristalwitte vlokken als gegrild vlees zonder een flinke draai versgemalen zwarte peper. Van het peper- en zoutstel op tafel tot de volle zoutheid van kappertjes, ansjovis en olijven, of van de sublieme pikantheid van roze peperkorrels tot de tongverdovende werking van szechuanpeper; al deze toevoegingen vormen het hart van ons eten. Laten we eerlijk zijn: een culinair bestaan zónder, is moeilijk voor te stellen.

wijtingfilets met kruidenboter

1 handvol bladpeterselie
2 eetlepels gehakte bieslook
1 teen knoflook, gehakt
2 augurken, gehakt
3 ansjovisfilets
1 eetlepel gezouten kappertjes*
1/2 theelepel witte peper
100 g zachte boter
2 theelepels olijfolie
8 wijtingfilets (ongeveer 500 g)
400 g waterkers

Doe peterselie, bieslook, knoflook, augurk, ansjovis, kappertjes, witte peper en boter in een keukenmachine of blender en draai tot een gladde pasta. Leg een groot stuk plasticfolie op een schoon oppervlak en schep de gekruide boter in een lijn. Rol op en leg tot gebruik in de koelkast.

Verhit de olijfolie in een ruime koekenpan met antiaanbaklaag op hoog vuur. Bak de wijting 1-2 minuten aan elke kant en haal uit de pan. Serveer op een bed van waterkers en leg er wat plakjes kruidenboter op. Voor 4 personen.

spinaziesalade

1 kg spinazie, gewassen en zonder steeltjes
12 Griekse olijven (kalamata), ontpit en grof gehakt
1 teen knoflook, fijngehakt
2 eetlepels fijngehakte muntblaadjes
1 kleine rode ui
2 eetlepels rodewijnazijn
200 g feta, verbrokkeld
6 eetlepels olijfolie
30 g croutons (zie basisrecepten)

Zorg dat de spinazie goed droog is, hak de grotere bladeren wat kleiner en doe in een ruime metalen kom. Voeg olijven, knoflook, munt, ui en azijn toe en kruimel de kaas erover. Verhit de olijfolie in een koekenpan op hoog vuur tot hij bijna rookt en giet hem dan over de salade. Ga op een afstandje staan want de olie kan spetteren. Schep de ingrediënten nog een keer om en schep alles op een serveerschaal. Bestrooi met croutons en dien meteen op. Voor 4 personen als bijgerecht.

salade met vijgen en geitenkaas en een szechuandressing

2 theelepels szechuanpeperkorrels*, geplet
2 theelepels honing
halve eetlepel balsamicoazijn*
3 eetlepels olijfolie
krop ijsbergsla
8 rijpe vijgen
200 g zachte geitenkaas

Doe voor de dressing peperkorrels, honing, azijn en olijfolie in een kommetje en roer tot de honing is opgelost. Verdeel blaadjes sla over vier borden. Verdeel ook de vijgen en kruimel de geitenkaas erover. Besprenkel met de dressing en serveer met knapperig stokbrood. Voor 4 personen.

vers en snel

- Gekruide boter is een geweldige manier om met weinig moeite ingrediënten smaak te geven. Bovendien kun je het lang in koelkast of vriezer bewaren. Probeer ook eens basilicum en zonge-droogde tomaten voor bij gegrilde biefstuk of verse mierikswortel en mosterd. Een boterig mengsel van limoenrasp en koriander is heerlijk bij gegrilde vis, net als dille met kappertjes.
- Vul rijpe vijgen met wat geitenkaas, wikkel in prosciutto en bak een paar minuten in een hete oven. Serveer op een bedje van sla met een scheutje olijfolie en balsamicoazijn.
- Meng feta, olijven en wat room tot een heerlijk beleg voor op bruschetta's. Doe er nog wat gescheurde basilicum of tijm over en wat dunne plakjes tomaat, vijg of peer.
- Marineer stukken geitenkaas een nacht in olijfolie met peperkorrels, laurier, tijm en citroenschil. Serveer op een bedje van rucola met croutons.

salade met vijgen en geitenkaas en een szechuandressing

polenta-courgettesalade met blauwekaasdressing

75 g polenta
4 theelepels boter
3 eetlepels olijfolie
3 courgettes, diagonaal in plakjes gesneden
2 eetlepels blauwaderkaas, verkruimeld
4 eetlepels extra vergine olijfolie
1 eetlepel rodewijnazijn
150 g jonge spinazie

Verwarm de oven voor op 200 °C. Breng 350 ml gezouten water aan de kook in een ruime steelpan. Giet er langzaam de polenta in en roer tot deze dikker wordt en loskomt van de zijkant van de pan. Roer er de boter door en haal van het vuur. Giet de polenta op een schaal of groot bord in een laag van 1 cm dik. Laat afkoelen. Leg de courgette op een bakplaat en borstel in met de olijfolie. Bak tot hij zacht en gaar is. Snij de afgekoelde polenta in rechthoekige stukjes en leg ze op een met olie ingevette schaal. Borstel de polenta in met wat olie en bak 10 minuten.

Meng voor de dressing de kaas met de extra vergine olijfolie en azijn in een kommetje. Verdeel courgette, polenta en spinazie over vier borden en besprenkel met de dressing. Voor 4 personen als voorgerecht.

auberginerelish met kip

4 eetlepels olijfolie
10 kleine Japanse aubergines*, in de lengte gehalveerd
4 rode uien, in ringen
4 tenen knoflook, in dunne plakjes
3 eetlepels rodewijnazijn
4 eetlepels citroensap
3 eetlepels bruine suiker
4 theelepels wittepeperkorreles, licht geplet
30 g verse koriander
4 kipfilets

Verwarm de oven voor op 200 °C. Verhit de olijfolie in een koekenpan op halfhoog tot hoog vuur. Bak de aubergine goudbruin. Haal uit de pan en doe in een ruime kom. Doe ui en knoflook in de pan, temper het vuur en roerbak tot de ui zacht is. Voeg bij de aubergine. Doe azijn, citroensap, suiker en peperkorrels in een steelpan op halfhoog vuur tot de suiker is opgelost. Breng aan de kook en giet het hete mengsel over de aubergine en ui. Roer om en doe er koriander door als de relish is afgekoeld.

Verhit intussen een ruime koekenpan op hoog vuur en schroei de kip goudbruin aan beide kanten. Leg op een bakplaat en dek af met folie. Bak 15 minuten of tot hij gaar is. Serveer met de auberginerelish. Voor 4 personen.

salade van tonijn met mosterd

2 theelepels gemalen witte peper
1 eetlepel dijonmosterd
3 eetlepels olijfolie
400 g tonijnfilet, in repen van 2 cm breed
400 g waterkers
70 g kervel
1 courgette, in dunne plakjes
4 radijsjes, in dunne plakjes
125 g citroenmayonaise (zie basisrecepten)

Meng peper, mosterd en 1 eetlepel olijfolie in een kommetje. Wrijf het mosterdmengsel over de tonijn. Doe de rest van de olijfolie in een ruime koekenpan met antiaanbaklaag en verhit op hoog vuur. Schroei de tonijn 1 minuut aan beide kanten. Haal van het vuur en laat rusten. Verdeel waterkers, kervel, courgette en radijs over vier borden. Snij de tonijn in dunne plakjes en schik over de salade. Doe er tot slot een lik citroenmayonaise op.
Voor 4 personen als voorgerecht.

penne met aubergine en ricotta

125 g plantaardige olie
1 aubergine, in blokjes van 1 cm
2 tenen knoflook, fijngehakt
1 ui, gesnipperd
2 courgettes, in dunne plakjes
100 g verse ricotta
20 blaadjes basilicum, gescheurd
20 blaadjes verse oregano
50 g geraspte parmezaan
400 g penne
2 eetlepels extra vergine olijfolie

Verhit een koekenpan met plantaardige olie op hoog vuur. Bak de aubergineblokjes goudbruin en zacht. Haal met een schuimspaan uit de pan en laat uitlekken op keukenpapier. Giet de meeste olie af en bewaar net genoeg om de bodem van de pan te bedekken. Voeg knoflook en ui toe en bak op halfhoog vuur tot de ui transparant is. Voeg de courgette toe en bak tot hij net zacht wordt. Doe alles in een ruime kom.

Kook intussen in een pan gezouten water de penne beetgaar. Giet af en meng met de andere ingrediënten. Breng op smaak met zeezout en versgemalen zwarte peper. Dien op, met een scheutje olijfolie erover. Voor 4 personen.

muntsalade met rundvlees en pruimensaus

tofu met zwartebonensaus

2 eetlepels olijfolie
1 eetlepel fijngeraspte verse gember
2 tenen knoflook, fijngehakt
2 theelepels chilipoeder
2 eetlepels Chinese zwarte bonen* (uit blik), afgespoeld en uitgelekt
3 eetlepels mirin*
400 g stevige tofu*, in blokjes van 2 cm
3 courgettes, geschild en diagonaal dun gesneden
sap van 1 citroen
gestoomde rijst

Verhit de olijfolie in een ruime koekenpan of wok op hoog vuur. Voeg gember, knoflook en chilipoeder toe en roerbak 1 minuut. Doe er zwarte bonen, mirin en 125 ml water bij. Zet het vuur lager, voeg de tofu toe, kruid met zwarte peper, laat 5 minuten sudderen en doe de courgette erbij. Schep om, kook nog 2 minuten en doe er dan het citroensap bij. Serveer met gestoomde rijst. Voor 4 personen.

muntsalade met rundvlees en pruimensaus

4 eetlepels pruimensaus*
4 eetlepels olijfolie
1 eetlepel balsamicoazijn*
1 theelepel gemalen szechuanpeperkorrels*
4 lente-uitjes, in ringetjes
400 g ossenhaas, zonder vlies
100 g taugé
1 krop ijsbergsla
80 g munt, zonder steeltjes
2 eetlepels fijngehakte, rauwe cashews

Doe pruimensaus, olijfolie, azijn, szechuanpeper en lente-ui in een kom en meng alles. Verhit een koekenpan op hoog vuur en schroei het vlees 2 minuten aan elke kant. Haal van het vuur en laat rusten in de pan. Verdeel taugé en sla over vier borden. Strooi er munt over. Snij het vlees in dunne plakjes en leg het op de salade. Schep de pruimensaus erover en bestrooi met cashews. Geef er warm stokbrood bij. Voor 4 personen.

pissaladière

4 eetlepels olijfolie
4-5 grote uien, in ringen
2 theelepels fijngehakte verse rozemarijn
2 theelepels fijngehakte verse tijm
2 theelepels fijne tafelsuiker of witte basterd
1 hoeveelheid pizzadeeg (zie basisrecepten)
12 ansjovisfilets
16 zwarte olijven, ontpit
12 basilicumblaadjes

Verwarm de oven voor op 220 °C. Verhit een ruime koekenpan op halfhoog vuur en doe er olijfolie, ui, rozemarijn en tijm in. Dek af en bak 20 minuten op laag vuur of tot de ui erg zacht is. Voeg suiker toe, bak nog een minuut en zet apart.

Sla op een ongebloemd oppervlak de lucht uit het gerezen deeg. Verdeel het in vieren en rol alle stukken tot een dunne ovaal. Vouw de randjes wat omhoog voor een wat dikkere korst. Leg ze op een grote ingevette bakplaat en bedek de bovenkant van de pizza's met ui. Snij ansjovis en olijven in stukjes en strooi ze over de ui. Bak 15 minuten. Haal uit de oven en garneer met gescheurde basilicumblaadjes. Voor 4 personen.

vers en snel

- De geur van gekarameliseerde ui in je keuken is echt heerlijk. Je brengt de ui helemaal op smaak met veel tijm, wat azijn, mosterd en een flinke klont boter. Serveer hem bij gegrilde biefstuk of smeer wat over geroosterd volkorenbrood en leg daar wat plakjes beenham en gruyère op voor een alternatieve tosti.
- Er gaat maar weinig boven zelfgemaakte pizza. Gebruik je favoriete toppings – geurige tomatensaus, mozzarella, geitenkaas, verse kruiden, dungesneden salami of ansjovis – en bak 'm tot bubbelende perfectie.
- Laat tofu een nacht marineren in een mengsel van sojasaus, palmsuiker, wat sesamolie, lenteui, rode peper en gember. Serveer in plakken over gestoomde groente en rijst.
- Gefermenteerde Chinese zwarte bonen geven een spannende zoute smaak aan veel gerechten. Meng met gestoomde groente en schep alles om met een scheutje ketjap manis of voeg ze toe aan in de wok gebakken hokkiennoedels met fijngesneden rode pepers en Chinese bieslook.

pissaladière

geroosterde tonijn met venkel en tomaat

Een royale dosis zeezout doet het perfect bij rijpe tomaten.

peperbief met pompoenpuree

geroosterde tonijn met venkel en tomaat

4 rijpe tomaten
2 tenen knoflook, in dunne plakjes
14-16 takjes tijm
75 g kleine zwarte olijven
500 g tonijnfilet
2 eetlepels versgemalen zwarte peper
125 ml olijfolie
15 basilicumblaadjes, grof gescheurd
1 venkelknol, vliesdun gesneden
2 eetlepels extra vergine olijfolie

Verwarm de oven voor op 200 °C. Breng een ruime pan gezouten water aan de kook. Kruis de tomaten aan de onderkant in en doe ze 1 minuut in het kokende water. Verwijder met een schuimspaan en laat afkoelen.

Verdeel knoflook en tijm op de bodem van een kleine, diepe ovenschaal of een cakeblik en strooi er olijven over. Rol de tonijnfilet door de peper en leg hem op de tijm in de ovenschaal. Besprenkel met olijfolie en kruid met zeezout. Dek de schaal af met aluminiumfolie en bak 25-30 minuten in de oven.

Pel intussen de tomaten en doe ze in een ruime kom. Snij ze in de kom met een scherp mes in blokjes. Breng op smaak met zeezout en voeg de basilicum toe. Schep om. Haal de tonijn uit de oven – hij moet mooi roze zijn in het midden. Haal de olijven uit de ovenschaal en doe ze bij het tomatenmengsel, samen met 1 of 2 eetlepels van het kookvocht. Leg venkel en tomaat op een serveerschaal. Bedek met dunne plakjes tonijn, besprenkel met extra vergine olijfolie en garneer met takjes tijm uit de ovenschaal. Voor 4 personen.

peperbief met pompoenpuree

1,5 kg ossenhaas
2 eetlepels versgemalen zwarte peper
1 kg pompoen
150 g boter
2 tenen knoflook, fijngehakt
30 g bieslook, fijngehakt

Ontdoe het vlees van vliesjes en vet en wrijf het in met peper. Laat een nacht onbedekt op een schaal in de koelkast liggen.

Verwarm de oven voor op 200 °C. Leg het vlees in een ovenschaal, bak het 10 minuten, draai het om en bak nog eens 5 minuten. Haal uit de oven en bestrooi met zeezout. Dek af met aluminiumfolie en laat 15 minuten rusten. Giet alle bakvocht uit de schaal en hou apart om later over het vlees te gieten.

Schil ondertussen de pompoen en snij hem in stukjes. Doe deze in een ruime pan gezouten, koud water en breng aan de kook. Kook gaar. Smelt de boter in een steelpannetje op halfhoog vuur. Doe er knoflook en bieslook bij en laat een paar minuten zweten. Giet de gare pompoen af en pureer hem. Roer er het botermengsel door en klop tot een luchtige puree. Dek af en zet apart op een warme plek. Doe het vlees weer 15 minuten in de oven. Serveer het in dikke plakken met wat braadvocht erover en een flinke lepel pompoenpuree. Voor 6 personen.

salade met courgette en sugarsnaps

200 g sugarsnaps, schoongemaakt
2 courgettes, schoongemaakt en in dikke plakken
6-8 radijzen, schoongemaakt en in dunne plakjes
1 eetlepel citroensap
3 eetlepels walnotenolie
1 theelepel selderiezout
2 eetlepels geroosterd pompoenzaad (pepita's)

Breng een pan gezouten water aan de kook. Doe er de sugarsnaps in en blancheer tot ze heldergroen zijn. Verwijder ze met een schuimspaan en spoel af onder koud stromend water. Doe de courgette in het kokende water en kook 2 minuten. Doe courgette en sugarsnaps samen met de radijs in een ruime schaal. Meng voor de dressing citroensap, walnotenolie, selderiezout en wat versgemalen zwarte peper in een kommetje. Sprenkel de dressing over de salade en bestrooi met wat geroosterde pepita's. Voor 4 personen als bijgerecht.

kabeljauw met witte peper en citroensaus

sap van 2 citroenen
2 theelepels gemalen witte peper
2 theelepels fijne tafelsuiker of witte basterd
4 kabeljauwfilets van 200 g
2 eetlepels olijfolie
3 trostomaten, grof gehakt
12 basilicumblaadjes

Doe voor de saus citroensap, witte peper en suiker in een kommetje en roer tot de suiker is opgelost.

Spoel de filets af onder koud water en dep droog met keukenpapier. Verhit de olijfolie in een ruime koekenpan met antiaanbaklaag op hoog vuur. Bak hierin de filets 2 minuten aan één kant. Draai de vis om en temper het vuur naar laag of halfhoog. Bak nog 3-4 minuten. Schep de tomaat om met de basilicum en verdeel dit over vier borden. Schik hierop de vis en lepel er de dressing over. Serveer met een rucolasalade. Voor 4 personen.

salade met zoete aardappel, waterkers en peer

1 grote zoete aardappel
2 eetlepels olijfolie
sap van 1 citroen
1 eetlepel roze peperkorrels, uitgelekt en fijngehakt
3 eetlepels extra vergine olijfolie
2 rijpe, groene peren in stukjes
400 g waterkers, zonder steeltjes

Verwarm de oven voor op 180 °C. Schil de aardappel, snij hem in stukjes en leg die op een bakplaat. Wrijf ze in met 2 eetlepels olijfolie en kruid met wat zeezout. Bak 30 minuten of tot ze goudbruin en gaar zijn.

Meng ondertussen citroensap, peperkorrels en extra vergine olijfolie in een ruime kom. Voeg de stukken peer en de waterkers toe en schep om. Schik de peersalade op een serveerschaal en doe er de gebakken zoete aardappel over. Voor 4 personen.

gebakken victoriabaars met citroen- en zwartebonensaus

1 eetlepel olijfolie
2 lente-uitjes, schoongemaakt en in ringetjes
1 rode paprika, in blokjes
2 eetlepels Chinese zwarte bonen* (uit blik), uitgelekt en afgespoeld
250 ml visbouillon
sap van 1 citroen
1 eetlepel bloem
4 victoria- of nijlbaarsfilets van 160 g
125 ml arachideolie

Verhit voor de saus de olijfolie in een koekenpan op halfhoog vuur en doe er lente-ui en paprika in. Bak 5 minuten of tot de paprika zacht is. Doe er zwarte bonen en bouillon bij en laat voor de helft inkoken. Doe er citroensap bij en giet alles in een kom. Veeg de pan uit met keukenpapier.

Doe de bloem in een plastic zak met 1 theelepel zeezout en versgemalen zwarte peper. Doe er de visfilets bij en schud om tot ze goed zijn bedekt met bloem. Verhit de arachideolie in de koekenpan op hoog vuur. Doe er de vis in en bak 2 minuten. Draai de vis om en zet het vuur halfhoog. Bak nog 5 minuten. Leg de vis op borden en schep er de saus over. Serveer met gestoomde groente en rijst. Voor 4 personen.

biefstuk met uiensalsa

bonensalade

3 eetlepels extra vergine olijfolie
1 eetlepel citroensap
2 theelepels walnotenolie*
1 theelepel fijne tafelsuiker of witte basterd
1 theelepel dijonmosterd
400 g sperziebonen, schoongemaakt
1 blik (400 g) witte bonen, uitgelekt en afgespoeld
1 handvol gehakte bladpeterselie

Doe extra vergine olijfolie, citroensap, walnotenolie, suiker en mosterd in een ruime kom en kruid royaal met versgemalen zwarte peper en zeezout. Klop met een vork door elkaar. Blancheer de sperziebonen in kokend water tot ze heldergroen zijn, giet snel af en doe ze in de kom. Schep de bonen goed om in de dressing. Laat afkoelen, voeg witte bonen en peterselie toe en schep weer om. Voor 4 personen als bijgerecht.

biefstuk met uiensalsa

2 grote rode uien, in ringen
2 rijpe tomaten
2 handen bladpeterselie
10 blaadjes verse oregano
1 eetlepel balsamicoazijn*
3 eetlepels extra vergine olijfolie
4 biefstukken van 180 g

Steek een barbecue of grill aan. Gril voor de uiensalsa de ui tot hij vrijwel zwartgeblakerd is aan beide kanten. Verwijder en leg op een snijplank. Doe de tomaten op grill of barbecue en hak ondertussen de ui grof. Doe de ui in een schaal. Draai de tomaten om als ze gaan blakeren en bak nog een minuut. Doe ze in de schaal met de uien en hak of knip grof met een scherp mes of een keukenschaar. Voeg peterselie, oregano, azijn en extra vergine olijfolie toe. Breng op smaak met zeezout en gekneusde zwarte peper en schep alle ingrediënten om.

Leg ondertussen het vlees op barbecue of grill en schroei het in 2-3 minuten dicht. Draai om en bak nog een minuut. Haal van het vuur en laat even rusten. Serveren met de uiensalsa. Voor 4 personen.

red-snapperfilets met rozepeperdressing

4 eetlepels olijfolie
2 eetlepels limoensap
2 theelepels roze peperkorrels*
1 eetlepel fijngehakte, ingemaakte gember*
1 handvol verse koriander
1 eetlepel fijngehakt citroengras*
4 red-snapperfilets van 200 g (met vel)
2 eetlepels plantaardige olie
gestoomde sperziebonen, in diagonale stukjes

Doe voor de dressing olijfolie, limoensap, roze peperkorrels, gember, koriander en citroengras in een kom en roer om. Spoel de vis af onder stromend water en dep droog met keukenpapier. Bestrooi beide kanten van de filets met zeezout. Verhit de olie in een koekenpan op hoog vuur en doe er de filets in, met het vel naar beneden. Druk met een spatel op de vis in de hete pan en bak 1 minuut of tot het vel krokant is. Draai ze om, temper het vuur naar halfhoog en bak nog 8 minuten.

Schep de rozepeperdressing over de vis en serveer met gestoomde sperziebonen. Voor 4 personen.

vers en snel

- Doe wat gehakte roze peperkorrels in een dressing van olijfolie, citroensap en fijngehakte basilicum. Sprenkel over een salade van dun gesneden sinaasappel, witlof, spinazie en gestoomde sperziebonen.
- Witte bonen uit blik zijn handig om in huis te hebben. Prak ze in een steelpan met wat boter en peper en serveer ze warm bij gegrild lamsvlees. Of doe ze in een blender met wat tenen geroosterde knoflook, olijfolie en fijngehakte peterselie. Serveer op geroosterd zuurdesembrood met rucola en wat krullen parmezaan.
- Om uiensalsa wat extra pit te geven, voeg je wat versgemalen komijn en rode peper toe. Vervang de oregano door verse koriander en serveer bij kruidige worstjes of gegrild lamsvlees.
- Blancheer haricots verts tot ze smaragdgroen zijn. Giet af, hak grof en schep ze in een schaal om met boter, citroensap en wat fijngehakte rozemarijn en gehakte knoflook. Serveer er vers gegrilde tonijn op en garneer met wat gehakte zwarte olijven.

red-snapperfilets met rozepeperdressing

pikant

Pikant (bn), zeer sterk prikkelend van smaak, syn. scherp: 'een pikante saus'... Dat kan alleen maar over chilipeper en gember gaan, die met hun hete en scherpe accenten zo'n smakelijke intensiteit aan veel gerechten geven. Heel wat culturen zijn bekend met de felhete boventonen van de rode en groene peper. De peper verveelt nooit: van de robijnrode rawitpepertjes uit Zuidoost-Azië tot de volle warmte van Europees paprikapoeder en het uitgebreide scala aan Zuid-Amerikaanse pepers. Dat geldt ook voor gember. Deze veelzijdige specerij is onmisbaar in bijvoorbeeld de Indiase en Noord-Afrikaanse keukens. In poedervorm geeft het de smaak van de Oriënt aan veel populaire taarten en toetjes, terwijl verse dunne plakjes een zoete scherpte verlenen aan Aziatische salades. En wat zou Japans eten zijn zonder frisse en bleekroze slierten ingemaakte gember?

verse lasagne met chilikrab

4 eetlepels olijfolie
2 grote rode pepers, zonder zaadjes en in dunne plakjes
1 theelepel Spaans paprikapoeder*
2 tenen knoflook, fijngehakt
3 preien, in ringen
1 blik (400 g) gepelde tomaten, gehakt
2 theelepels fijne tafelsuiker of witte basterd
125 ml witte wijn
250 g krabvlees
8 verse lasagnevellen
70 g jonge spinazie
15 g bieslook, in stukjes van 3 cm

Breng een pan gezouten water aan de kook. Verhit olijfolie in een pan op halfhoog vuur en doe er rode peper, paprikapoeder en knoflook in. Bak 1 minuut en voeg de prei toe. Dek af en laat 5 minuten stoven. Voeg tomaten, 185 ml water, suiker en wijn toe. Laat 10 minuten trekken. Breng op smaak met zeezout en zwarte peper. Maak het krabvlees in een kom fijn met een vork. Kook de lasagne beetgaar. Doe het krabvlees in de tomatensaus. Giet de lasagne af en leg een vel op een warm bord. Schep wat saus op de helft van het vel, leg er spinazie op en vouw om. Doe hetzelfde met de overige ingrediënten en eindig met de saus en tot slot de bieslook. Voor 4 personen.

bulgursalade

150 g bulgur
60 g krenten
2 eetlepels olijfolie
2 grote rode uien, gesnipperd
1 theelepel kaneel
1 theelepel kardemompoeder
2 theelepels piment
1 eetlepel geraspte, verse gember
2 stengels bleekselderie, in dunne plakjes
1 rode peper, zonder zaadjes, in dunne plakjes
200 g gekookte kikkererwten
60 g pijnboompitten, geroosterd
1 handvol verse koriander
1 handvol bladpeterselie
10 muntblaadjes, ruw gehakt

Doe bulgur en krenten in een kom en giet er 250 ml kokend water over. Verhit de olijfolie in een ruime steelpan op halfhoog vuur. Doe er ui, kaneel, kardemom, piment en gember in en bak tot de ui zacht is. Voeg selderie, rode peper, kikkererwten en pijnboompitten bij de bulgur en krenten. Schep alle ingrediënten licht om en kruid met zeezout en versgemalen zwarte peper.

Schep in een serveerschaal en voeg de verse kruiden toe, Serveer als lichte salade of bij gegrilde kip. Voor 4-6 personen als bijgerecht.

gegrilde paddestoelen

8 grote paddestoelen (portobello)
3 tenen knoflook, fijngehakt
2 theelepels rodepepervlokken
6 eetlepels extra vergine olijfolie
8 plakken ciabatta, geroosterd
150 g rucola
1 handvol bladpeterselie

Doe de paddestoelen met de stelen naar boven in een ovenschaal. Meng knoflook, rode peper en olijfolie, schep over de paddestoelen en kruid met wat zeezout. Plaats onder een hete grill en bak 10 minuten. Haal onder de grill uit. Verdeel de ciabatta en rucola over vier borden. Schep er de warme paddestoelen over, bestrooi met peterselie en besprenkel met wat bakvocht. Voor 4 personen als voorgerecht.

vers en snel

- Schep gekookt krabvlees om met gevierendeelde kerstomaatjes, verse koriander, fijngehakte rode peper, geraspte limoenschil en wat goede mayonaise. Serveer met warm stokbrood en een salade van jonge slablaadjes.
- Sprenkel wat olijfolie over grote paddestoelen en gril ze een paar minuten. Smeer er jonge geitenkaas op en gril alles licht goudbruin. Serveer op geroosterd volkorenbrood met wat gehakte walnoten erover.
- Bak een keuze aan wilde en gekweekte paddestoelen in boter en wat gehakte knoflook. Doe er wat witte wijn en room bij en laat even trekken tot de saus dikker is. Kook een aantal vellen verse lasagne, verdeel ze over borden en schep de paddestoelen eroverheen. Bestrooi met parmezaan en zet even onder de gril. Serveren met een scheutje extra vergine olijfolie en versgemalen zwarte peper.

gestoomde vis met verse gember

4 roodbaarsfilets (ongeveer 500 g)
3 lente-uitjes, diagonaal fijngesneden
stukje jonge gember van 4 cm, in dunne sliertjes
80 ml arachideolie
partjes citroen

Breng een ruime pan water aan de kook en doe er een stoommandje in. Stoom de vis gaar. Doe intussen lente-ui en gember in een metalen kom. Verhit de arachideolie in een koekenpan tot hij begint te roken. Giet voorzichtig de hete olie over de gember en lente-ui en laat de olie de smaken absorberen. Leg de vis op warme borden en schep er de gemberolie over. Serveer met partjes citroen en gestoomde witte rijst. Voor 4 personen.

chilirundvlees met witlof

6 eetlepels arachideolie
stukje verse gember van 6 cm, geschild en in sliertjes
500 g mager rundergehakt
3 grote rode pepers, zonder zaadjes en fijngehakt
2 tenen knoflook, gehakt
2 theelepels sesamolie
2 theelepels balsamicoazijn
4 theelepels sojasaus
4 eetlepels oestersaus*
10 basilicumblaadjes, fijngesneden
4 stronkjes witlof, gewassen en de blaadjes losgehaald

Verhit de arachideolie in de koekenpan op halfhoog tot hoog vuur. Doe de gember in de olie en haal hem eruit als hij krokant en goudbruin wordt. Laat uitlekken op keukenpapier. Giet de meeste olie af en laat net genoeg over om de panbodem te bedekken. Temper het vuur naar halfhoog, voeg gehakt, rode peper, knoflook en sesamolie toe en roerbak tot het vlees gaar is en bruin wordt. Doe er azijn, sojasaus en oestersaus bij, bak nog 1 à 2 minuten en voeg dan de basilicum toe. Schep het warme vleesmengsel in de blaadjes witlof en maak af met de gebakken gember. Voor 4-6 personen als hapje.

noedelsoep met gembereend

8 shii-takes (gedroogd)*
2 eendenborstfilets
8 lente-uitjes, in stukjes van 2 cm
2 eetlepels fijngeraspte, verse gember
200 g udonnoedels
1 eetlepel dashikorrels*
4 eetlepels sojasaus
1 eetlepel suiker
200 g stevige tofu*, in blokjes van 2 cm
2 eetlepels fijngehakte Chinese bieslook

Breng een pan gezouten water aan de kook. Doe de paddestoelen in een ruime kom en giet er warm water over. Laat 10 minuten wellen, verwijder de stelen en snij in dunne plakjes. Doe de paddestoelen weer in het vocht. Snij het vette vel van de eendenborst en hou apart. Snij het vlees diagonaal in dunne plakjes. Verhit eendenvet in koekenpan op halfhoog vuur, sauteer er ui, eend en gember 4-5 minuten in. Zet weg en verwijder vet.

Kook de noedels beetgaar en spoel af. Meng dashi, sojasaus en suiker met 1,2 liter water in een pan en kook. Temper het vuur, doe de paddestoelen en hun vocht erbij en laat 10 minuten trekken. Voeg eend, ui, gember en tofu toe. Kook 1 minuut. Verdeel de noedels over vier kommen, lepel er de bouillon over en bestrooi met bieslook. Voor 4 personen.

kipcurry

4 eetlepels olijfolie
2 grote rode uien, in ringen
2 tenen knoflook, fijngehakt
2 eetlepels versgeraspte gember
1 theelepel kurkuma (koenjit)
3 romatomaten, grof gehakt
2 rode paprika's, in blokjes van 2 cm
10 curryblaadjes*
400 ml kokosmelk*
3 kipfilets van 200 g, in repen
sap van 3 limoenen
80 g verse koriander, grof gehakt
gestoomde witte rijst

Verhit de olie in een ruime steelpan op halfhoog vuur en doe er ui en knoflook in. Bak 3 minuten en voeg gember en kurkuma toe. Bak nog een minuut en doe er tomaten, paprika, curryblaadjes, kokosmelk en stukken kip bij. Laat 30 minuten trekken en maak op smaak af. Voeg voor het serveren limoensap en koriander toe. Serveer met gestoomde witte rijst. Voor 4 personen.

krab- en waterkerssalade

krab- en waterkerssalade

100 ml tamarindewater (zie basisrecepten)
2 eetlepels geschaafde palmsuiker* of bruine suiker
2 eetlepels vissaus*
2 eetlepels limoensap
250 g vers gekookt krabvlees
2 eetlepels lichte olijfolie
2 eetlepels fijngehakte koriander
400 g waterkers, zonder steeltjes
1 gele paprika, in dunne reepjes
3 grote rode pepers, zonder zaadjes en fijngesneden
2 lente-uitjes, in ringetjes

Meng voor de dressing tamarindewater, palmsuiker, vissaus en limoensap tot de suiker is opgelost. Zet apart.

Doe het krabvlees in een kom en maak het fijn met een vork. Voeg olijfolie en koriander toe en roer goed door elkaar. Kruid met zeezout en versgemalen zwarte peper. Meng waterkers, paprika, rode peper en lente-ui in een ruime schaal. Besprenkel met de dressing en schep alles goed om. Verdeel over vier borden en schep er een ruime lepel krabvlees over. Voor 4 personen als voorgerecht.

boekweitnoedelsoep met gember

400 g boekweitnoedels
1 liter kippenbouillon
1 eetlepel fijngeraspte, verse gember
4 theelepels sojasaus
2 theelepels vissaus*
2 lente-uitjes, in ringetjes
300 verse, zachte tofu*, in blokjes

Kook de noedels beetgaar en zet apart. Doe bouillon, gember, soja- en vissaus in een steelpan en breng aan de kook. Draai het vuur laag en laat 5 minuten sudderen. Verdeel de noedels over vier kommen en leg er lente-ui en tofu op. Lepel de hete bouillon over de noedels en dien meteen op. Voor 4 personen.

curry van aardappel, paprika en courgette

500 g nieuwe aardappelen, gehalveerd
3 eetlepels olijfolie
2 grote rode uien, gehalveerd en dan in achten gesneden
2 tenen knoflook, gehakt
2 theelepels kurkuma (koenjit)
1 eetlepel geraspte verse gember
2 theelepels venkelzaad, licht geplet
3 rode pepers, zonder zaadjes en fijngehakt
400 ml kokosmelk*
1 rode paprika, in repen
5 citroenblaadjes*
500 g kleine courgettes, in plakken
4 eetlepels limoensap
4 theelepels vissaus*
3 handen verse koriander

Doe de aardappelen in een pan koud water. Breng aan de kook, deksel erop en haal van het vuur. Verhit de olijfolie in een steelpan op halfhoog vuur en doe er ui, knoflook, kurkuma, gember, venkelzaad en rode peper in. Bak tot de ui zacht is en voeg kokosmelk, paprika en citroenblaadjes toe. Doe er de afgegoten aardappelen bij, dek af en laat 15 minuten sudderen. Doe de courgette erbij en kook nog 5 minuten. Voeg vlak voor het serveren limoensap en vissaus toe. Garneer met blaadjes koriander. Voor 4 personen.

vers en snel

- Bak een beetje gember en knoflook in een wok met wat sesamolie en voeg dan een bosje grof gehakte waterkers toe. Roerbak tot de waterkers net slap wordt en giet er wat sojasaus en limoensap bij. Serveer bij gebakken wijtingfilets of gegrilde kip.
- Schep gekookte boekweitnoedels om met wat olie en breng op smaak met gekneusde zwarte peper, ingemaakte gember, fijngehakte bieslook en wat rode peper. Serveer met reepjes licht aangezette tonijn of zalm.
- Maak 2 theelepels venkelzaad fijn in een vijzel en meng met mayonaise, citroensap en fijngehakte dille. Serveer bij een salade van waterkers en gerookte zalm.
- Bak plakjes courgette met wat knoflook en olijfolie. Kruid met zeezout en versgemalen zwarte peper en schep in een vuurvaste schaal. Bedek met fijngeraspte parmezaan en wat paprikapoeder en gril licht goudbruin. Serveer als bijgerecht.

curry van aardappel, paprika en courgette

somennoedels met gebakken garnalen

Rasp gember in dunne plakjes en marineer in Chinese kookwijn en wat suiker als lichte begeleider bij Aziatische schotels.

somennoedels met gebakken gamba's

3 eetlepels rijstazijn*
2 theelepels fijngeraspte, verse gember
60 ml zoete mirin*
1 eetlepel tamari*
150 g somennoedels*
1 eetlepel olijfolie
16 rauwe gamba's, gepeld en zonder darmkanaal, met staart
2 kleine komkommers (of 1 grote), in reepjes
30 g bieslook, fijngehakt
2 eetlepels rauw sesamzaad
2 theelepels rodepepervlokken

Meng rijstazijn, gember, mirin en tamari. Zet apart. Kook de noedels beetgaar. Spoel ze af en zet apart. Verhit de olijfolie in een koekenpan met antiaanbaklaag op hoog vuur. Schroei de gamba's in 2-3 minuten aan beide kanten dicht, of tot ze roze zijn en opkrullen. Doe de noedels in een kom met de dressing, de komkommer en de bieslook. Roer om en verdeel over vier kommen. Leg er de gebakken gamba's in. Doe sesamzaad en rodepepervlokken in een ondiepe steelpan op halfhoog vuur en rooster, onder licht schudden, tot de zaden goudbruin zijn. Schep de warme zaadjes over de gamba's en besprenkel met de rest van de dressing. Voor 4 personen als voorgerecht.

kabeljauw met pikante tomaat

4 eetlepels olijfolie
4 groene pepers, zonder zaadjes en fijngehakt
2 theelepels paprikapoeder
1 eetlepel fijngeraspte gember
1 rode ui, in ringen
1 eetlepel bruine suiker
250 g kerstomaatjes
4 kabeljauwfilets van 200 g
10 takjes tijm
2 eetlepels boter
1 handvol verse koriander

Verhit de olijfolie in een diepe koekenpan met dikke bodem op halfhoog vuur en doe er groene peper, paprikapoeder, gember en ui in. Bak 5 minuten en voeg dan bruine suiker, 200 ml water en tomaatjes toe. Kook 5 minuten door, doe de visfilets in de pan en leg er de takjes tijm op. Laat 5 minuten sudderen of tot de vis gaar is. Haal de vis uit de pan en leg hem op vier voorverwarmde borden. Doe de boter bij de saus en roer tot hij gesmolten is. Lepel de tomatensaus over de vis en garneer met blaadjes koriander. Geef er gestoomde sperziebonen bij. Voor 4 personen.

fettuccine met rode peper, maïs en garnalen

fettuccine met rode peper, maïs en gamba's

2 eetlepels olijfolie
2 kleine rode pepers, zonder zaadjes en fijngehakt
2 theelepels Spaans paprikapoeder*
3 lente-uitjes, fijngesneden
maïskorrels van 3 kolven
3 trostomaten, fijngehakt
20 middelgrote, rauwe gamba's, gepeld, zonder darmkanaal, met staart
400 g fettuccine
2 handen rucola
2 eetlepels extra vergine olijfolie

Breng een ruime pan gezouten water aan de kook. Verhit de olijfolie in een koekenpan op halfhoog vuur en doe er rode peper, paprikapoeder en lente-ui in. Roerbak 1 minuut en voeg maïs en tomaten toe. Kook een paar minuten tot de maïs zacht en diep goudgeel is. Doe er de gamba's bij en kook zo'n 2-3 minuten of tot ze roze zijn en opkrullen. Haal van het vuur en breng op smaak met zeezout en versgemalen zwarte peper.

Kook de fettuccine beetgaar. Giet af en doe weer in de warme pan. Giet de saus erover, voeg de rucola toe en schep alles om. Verdeel over vier kommen en besprenkel met wat extra vergine olijfolie. Voor 4 personen.

lamsfilet met sesamchutney

40 g sesamzaad
1 handvol verse koriander
1 handvol verse munt
3 grote groene pepers, zonder zaadjes en fijngehakt
3 eetlepels tamarindepulp
1 eetlepel geschaafde palmsuiker*
1 eetlepel olijfolie
8 lamsfilets (ongeveer 500 g)
3 handen rucola

Doe voor de chutney sesamzaad, koriander, munt, pepers, tamarinde, palmsuiker en 4 eetlepels water in een keukenmachine en draai tot een gladde pasta. Zet apart in een kom.

Verhit de olijfolie in een ruime koekenpan op hoog vuur. Doe de filets in de pan en bak tot er bloed zichtbaar wordt aan de ongebakken kant. Draai ze om en bak nog een minuut. Haal van het vuur en bestrooi met zeezout. Dek af met folie en laat 1 minuut rusten. Snij de filets in plakken en verdeel over vier borden. Serveer met een lepel sesamchutney en rucola. Voor 4 personen.

pikante maïskoekjes

1 blik (400 g) maïs
50 ml room
125 g maïzena
125 g mozzarella, geraspt
125 geitenkaas, verkruimeld
4 eetlepels fijngehakte koriander
2 theelepels bakpoeder
3 jalapeñopepers*, fijngehakt
2 eieren
6 plakken bacon
125 ml plantaardige olie
4 handen jonge spinazie

Mix maïs en room even in een keukenmachine. Meng met maïzena, mozzarella, geitenkaas, koriander, bakpoeder, pepers en eieren. Kruid met zeezout en versgemalen zwarte peper.

Verhit een licht ingevette koekenpan met antiaanbaklaag op halfhoog vuur en bak de bacon krokant. Vewijder en hou warm. Doe 2 eetlepels plantaardige olie in de pan. Doe er twee bolle eetlepels van het beslag in voor een rond maïskoekje en bak 3 minuten aan elke kant, of tot het goudbruin en krokant is. Verwijder, ga door met de rest van het beslag en voeg eventueel extra olie toe. Warm serveren met de krokante bacon en jonge spinazie. Voor 4-6 personen

vers en snel

- Roerbak maïskorrels met wat rode peper, olijfolie en fijngehakte tomaat. Kruid met zeezout en paprikapoeder en schep om met een handvol grof gehakte koriander. Geef als warme salsa bij kip.
- Maak kruidenboter met verse koriander, fijngehakte zwarte olijven en wat komijn- en paprikapoeder. Serveer gesmolten over een warme maïskolf.
- Serveer de maïskoekjes als brunch of snack met gerookte zalm en een lepel zure room, op smaak gebracht met mierikswortel.
- Snipper een rode ui en bak hem met wat olie, mosterdzaad en kurkuma (koenjit) in een koekenpan. Haal van het vuur als de ui zoet en gekarameliseerd is. Roer er dikke yoghurt door en fijngehakte munt. Serveer bij lamsvlees.

lamsfilet met sesamchutney

gestoofd rundvlees met shii-take

Laat gedroogde shii-take wellen en bewaar het smakelijke vocht voor bouillons en sauzen.

gestoofd rundvlees met shii-take

12 gedroogde shii-take*
2 tenen knoflook, gepeld
2 stukjes steranijs*
1 grote rode peper, zonder zaadjes en grof gehakt
stukje gember van 3 cm, gepeld en in dikke plakjes
1 daikon*, geschild en in plakken van 1 cm
2 wortels, geschild en in plakjes
4 runderfilets van 150 g
3 eetlepels sojasaus
3 eetlepels mirin*
6 lente-uitjes, in stukjes van 2 cm
4 kleine courgettes, in diagonale, dikke plakken

Laat de shii-take wellen in 1 liter heet water. Leg een bord op de paddestoelen zodat ze onder water blijven en niet aan de oppervlakte gaan drijven. Laat 30 minuten wellen, haal de paddestoelen eruit en zeef het vocht boven een ruime steel- of koekenpan. Verwijder ruwe steeltjes en doe de paddestoelen in de pan, samen met de knoflook, steranijs, rode peper, gember, daikon en wortel. Breng aan de kook en laat daarna 10 minuten sudderen. Voeg vlees, sojasaus en mirin toe. Leg er een deksel op en laat 30 minuten zachtjes sudderen. Doe er lente-ui en courgette bij en kook nog 5 minuten.

Serveer met de groente over het vlees geschept, omgeven door een plas van het kookvocht en met een kom romige aardappelpuree of gestoomde rijst. Voor 4 personen.

varkenskarbonade met gember

2 theelepels Spaans paprikapoeder*
2 theelepels garam masala*
1 theelepel kurkuma (koenjit)
1 eetlepel bruine suiker
1,5 eetlepel geraspte gember
2 tenen knoflook, fijngehakt
4 eetlepels olijfolie
4 varkenskarbonades
citroenpartjes
groene salade
aardappelpuree (zie basisrecepten)

Doe paprikapoeder, garam masala, kurkuma, bruine suiker, gember en knoflook in een kom. Roer met olijfolie tot een dikke pasta. Smeer de karbonades in met de pasta en laat 30 minuten marineren. Verhit een ruime koekenpan met antiaanbaklaag op hoog vuur en bak de karbonades 3 minuten. Draai ze om, draai het vuur laag en bak nog 7-10 minuten, afhankelijk van de dikte. Leg een deksel op de pan als ze erg dik zijn. Serveer met partjes citroen, een groene salade en aardappelpuree.

gebakken aubergine met waterkastanjes

tofusalade met pindadressing

1 eetlepel geschaafde palmsuiker*
5 eetlepels kokend water
1 eetlepel balsamicoazijn*
2 eetlepels ketjap manis
1 rode peper, zonder zaadjes en fijngehakt
1 teen knoflook, fijngehakt
70 g geroosterde en gemalen pinda's
300 g stevige tofu*
90 g rijstebloem
300 ml arachideolie
60 g waterkers
90 g taugé

Meng voor de dressing palmsuiker, kokend water, azijn en ketjap. Roer er de palmsuiker door tot hij oplost. Voeg rode peper, knoflook en pinda's toe. Zet apart.

Laat de tofu uitlekken op keukenpapier en snij in blokjes. Doe rijstebloem in een plastic zak met wat zeezout en versgemalen zwarte peper. Doe er de tofu in en schud tot de blokjes bedekt zijn met bloem. Verhit de arachideolie in een koekenpan op hoog vuur. Frituur een paar blokjes tofu tegelijk tot ze goudbruin zijn en schep ze met een schuimspaan op keukenpapier. Schik de waterkers en taugé op vier borden en leg er de tofu op. Besprenkel met de dressing. Voor 4 personen.

zomersalade met pistachedressing

2 kleine komkommers (of 1 grote), in dunne reepjes
90 g taugé
1 rode paprika, in reepjes
partjes van 1 sinaasappel, in de lengte gehalveerd
30 g bieslook, in stukjes van 2 cm
2 handen rucola
2 theelepels fijngeraspte verse gember
2 theelepels honing
2 eetlepels citroensap
2 theelepels wasabi*
4 eetlepels olijfolie
130 g geroosterde pistaches, grof gehakt

Schep komkommer, taugé, paprika, sinaasappel, bieslook en rucola om in een schaal.

Doe voor de dressing gember, honing, citroensap, wasabi en olijfolie in een kom. Roer en breng op smaak met wat zeezout en gekneusde zwarte peper. Doe er de pistache bij en giet over de salade. Voor 4 personen als bijgerecht.

gebakken aubergine met waterkastanjes

4 eetlepels olijfolie
2 grote rode pepers, zonder zaadjes en fijngehakt
2 tenen knoflook, fijngehakt
1 eetlepel fijngeraspte verse gember
4 lente-uitjes, in stukjes van 2 cm
2 aubergines, in blokjes van 2 cm
225 g waterkastanjes uit blik*, uitgelekt
500 ml groentebouillon (zie basisrecepten)
1 eetlepel sojasaus
1 eetlepel balsamicoazijn*
150 g sugarsnaps
gestoomde witte rijst

Verhit de olijfolie in een wok of een ruime koekenpan op hoog vuur. Doe er rode peper, knoflook en gember in en roerbak 1 minuut. Voeg lente-ui en aubergine toe en bak nog 5 minuten of tot de aubergine zacht en goudbruin is. Doe waterkastanjes, bouillon, sojasaus en balsamicoazijn in de pan en laat zacht sudderen tot het vocht voor de helft is ingekookt (zo'n 15 minuten). Blancheer intussen de sugarsnaps in kokend water tot ze heldergroen zijn. Giet af en spoel na met koud water. Doe de sugarsnaps bij de aubergine en kook nog een minuut. Serveer met gestoomde rijst. Voor 4 personen.

vers en snel

- Maak een salade van geroosterde pistaches, couscous (zie basisrecepten) en verse koriander, met een dressing van chili-olie. Serveer bij gegrilde kip.
- Serveer gefrituurde tofu op een bedje van roergebakken rode peper, jonge spinazie en fijngesneden rode paprika of als een snack met een zoete chilisaus om te dippen.
- Voeg naar smaak wat wasabi toe aan crème fraîche zodat de room wat beet heeft. Voeg fijngehakte bieslook toe en serveer een lepeltje ervan bij verse oesters of licht geschroeide St.-jakobsschelpen.
- Verhit twee theelepels fijngehakte knoflook en twee theelepels verse gember in een wok met olijfolie. Doe er blokjes aubergine bij en bak tot de aubergine gaar is. Giet er wat sojasaus bij en bestrooi met fijngesneden lenteui. Schep over gestoomde, zachte tofu.

zomersalade met pistachedressing

prikkelend

Sinaasappel en citroen zijn de sterren aan het citrusfirmament. Ik denk niet dat ik het lang in de keuken zou uithouden zonder die eenvoudige citroen. Citroen geeft kleur aan het eten, een citroenschilletje bij een koud drankje doet wonderen en met die gele gloed laat de citroen alles zonnig lijken. De frisheid van de citroensmaak is uniek, of het nou gaat om een scheutje over gegrilde vis of wat rasp over een eenvoudige pasta. Zijn naaste verwant, de sinaasappel, leent zijn eigen zoete draai aan couscous en geeft warme wintergerechten de smaak van het aromatische Midden-Oosten. De kumquat, door velen louter gezien als decoratie, komt gebakken in combinatie met steranijs tot zijn recht bij een stevige scharrelkip, en de grapefruit, die vaak niet verder komt dan de ontbijttafel, smaakt heel bijzonder in een lunchsalade. Je hoeft echt niet verder te kijken voor vruchtbare inspiratie.

venkel- en grapefruitsalade met appeldressing

venkel- en grapefruitsalade met appeldressing

500 ml appelsap
3 zwarte peperkorrels
2 takjes tijm
1 eetlepel balsamicoazijn*
2 theelepels selderiezout
2 venkelknollen, vliesdun gesneden
2 roze grapefruits, in segmenten (de partjes tussen de vliesjes uitgesneden)
2 stengels bleekselderie, in dunne plakjes

Doe voor de dressing appelsap, peperkorrels en tijm in een steelpan op halfhoog vuur. Breng aan de kook en laat inkoken tot ongeveer 60 ml siroop. Zet apart en laat het afkoelen. Doe balsamicoazijn en selderiezout bij de afgekoelde siroop en roer.

Schep venkel, grapefruit en bleekselderie op een schaal en besprenkel met de dressing. Serveer bij koud varkensgebraad of kip. Voor 4 personen.

versierde couscous

15 draadjes saffraan
1 eetlepel boter
180 g couscous
75 g rozijnen
60 g amandelschaafsel, geroosterd
75 g geroosterde pistache
schil en sap van 1 sinaasappel
2 eetlepels extra vergine olijfolie

Doe de saffraan in een ruime steelpan met 125 ml water op halfhoog vuur en kook tot het water voor de helft is ingekookt. Voeg boter en couscous toe en roer om. Giet er 250 ml kokend water op, dek af en haal van het vuur. Haal na 5 minuten het deksel van de pan en maak de couscous luchtig met een vork. Doe het deksel er weer op en laat nog 5 minuten rusten. Doe in een schaal en voeg rozijnen, amandel, pistache en sinaasappelrasp toe. Schep alles om en roer er dan sinaasappelsap en olijfolie door. Kruid met zeezout en versgemalen zwarte peper. Serveer voor 4 personen als bijgerecht bij gebakken kip.

bruschetta met gemarineerde en gebakken gamba's

4 tenen knoflook
1 eetlepel geraspte verse gember
1 grote rode peper, zonder zaadjes
1 theelepel gemalen witte peper
1 eetlepel sesamolie
125 ml olijfolie
sap van 1 citroen
16 grote rauwe gamba's, gepeld, zonder darmkanaal en met staart
4 dunne plakken zuurdesembrood, diagonaal gesneden
50 g jonge spinazie
2 lente-uitjes, fijngesneden

Doe knoflook, gember, rode peper, witte peper, sesamolie, olijfolie en citroensap in een keukenmachine en meng tot een geheel. Doe de gamba's in een kom, voeg de marinade toe en schep goed om. Dek af en zet een uur in de koelkast. Rooster het brood en leg het op de borden. Schep er spinazie en lente-ui over. Bak de gamba's zo'n 2-3 minuten in een koekenpan op hoog vuur of tot ze roze zijn en opkrullen. Verdeel ze over de vier borden. Giet de rest van de marinade in de pan en warm door op halfhoog vuur. Lepel de hete olie over de gamba's en serveer meteen. Voor 4 personen als voorgerecht.

vers en snel

- Bak gamba's op een hete grill en schep ze om in olijfolie, limoensap, een eetlepel gefermenteerde Chinese zwarte bonen en grof gehakte bladpeterselie. Serveer met somennoedels of gestoomde witte rijst.
- Maak een snelle salade van fijngesneden pekingeend, fijngesneden grapefruitpartjes, waterkers en fijngesneden witlof.
- Schep boterige couscous om met peterselie, kappertjes en fijngehakte groene olijven. Serveer bij gebakken kip of kabeljauwfilet.
- Snij venkel fijn en doe in een ovenschaal met wat olijfolie, citroensap en fijngehakte bladpeterselie. Kruid, dek af en bak 30 minuten in een oven van 210 °C. Serveer bij varkensworst met mosterd.

bruschetta met gemarineerde en gebakken gamba's

gebakken groente met citroen

12 vastkokende aardappeltjes (zoals rosevale)
1 bosje waspeen
6 stengels bleekselderie, gehakt
6 eetlepels extra vergine olijfolie
sap van 2 citroenen
2 theelepels zeezout
2 eetlepels fijngehakte Chinese bieslook

Verwarm de oven voor op 180 °C. Schrob aardappelen en worteltjes en verwijder eventuele lelijke plekken. Als de worteltjes te groot zijn, halveer ze dan. Doe ze in een braadpan met selderie, olijfolie, citroensap, zeezout en 125 ml water. Leg er een deksel op en zet 2 uur in de oven. Strooi er bieslook over als alles gaar is. Serveer bij gegrilde kip of een hele gebakken vis. Voor 4-6 personen als bijgerecht.

puylinzen met spinaziesalade

200 g puylinzen*
2 theelepels zeezout
2 sinaasappels
1 eetlepel balsamicoazijn
4 eetlepels extra vergine olijfolie
1 eetlepel dijonmosterd
100 g jonge spinazie
8 radijsjes, in dunne plakjes

Breng de linzen in een steelpan met 1 liter water aan de kook en laat 30 minuten sudderen. Doe sap en rasp van 1 sinaasappel in een kom. Voeg azijn, olijfolie en mosterd toe en roer tot een geheel. Giet de linzen af als ze gaar zijn en doe ze ook in de kom. Breng op smaak met zeezout en versgemalen zwarte peper. Haal de schil van de andere sinaasappel en snij de partjes los (zonder vliesje). Schik de spinazie, radijs en sinaasappelpartjes op een serveerschaal en schep er de linzen over. Voor 4 personen als bijgerecht.

sesamkip met kokossaus

3 kipfilets van 200 g
1 eetlepel sesamolie
1 eetlepel lichte olijfolie
1 eetlepel citroensap
1 eetlepel sesamzaad
2 theelepels sambal oelek of chilisaus
3 lente-uitjes, fijngehakt
200 ml kokosmelk*
125 ml tamerindewater (zie basisrecepten)
gestoomde witte rijst
120 g Thaise basilicum*
limoenpartjes

Snij de kip overdwars in dunne plakjes. Doe deze in een kom met de sesamolie, olijfolie, citroensap en sesamzaadjes. Schep alles goed om. Dek af met plasticfolie en zet tot gebruik in de koelkast.

Laat sambal, lente-ui, kokosmelk en tamarindewater in een steelpan op laag vuur sudderen. Zet een wok of ruime koekenpan op hoog vuur. Doe er de kip in en roerbak deze gaar. Schik de kip op een bedje van gestoomde rijst en lepel er de kokossaus over. Garneer met wat takjes Thaise basilicum en verse limoen. Voor 4 personen.

sinaasappelsalade

3 preien
2 eetlepels olijfolie
3 eetlepels sojasaus
3 sinaasappels, geschild en in dunne ringen
400 g waterkers
2 eetlepels extra vergine olijfolie

Halveer de preien in de lengte en spoel goed af in een kom koud water. Snij de prei in stukjes van 3 cm en dan in dunne reepjes. Doe alles met de olijfolie in een ruime steelpan op halfhoog vuur. Dek af en laat 10 minuten pruttelen of tot de prei zacht is. Besprenkel met de sojasaus, haal van het vuur en laat afkoelen. Leg schijfjes sinaasappel, waterkers en prei in laagjes op de borden. Besprenkel met wat olijfolie en kruid met versgemalen zwarte peper. Voor 4 personen als bijgerecht.

polentapannenkoekjes met spinazie en gerookte zalm

warme groente met witte bonen

polentapannenkoekjes met spinazie en gerookte zalm

250 ml melk
sap van 2 citroenen
1 ei, licht geklopt
90 g zelfrijzend bakmeel
75 g polenta
1 theelepel bakpoeder
1 theelepel zout
50 g boter
1 eetlepel olijfolie
2 handen jonge spinazie
12 plakken gerookte zalm
1 eetlepel gezouten kappertjes*

Meng de melk met de helft van het citroensap. Roer het ei erdoor. Meng meel, polenta, bakpoeder en zout in een kom. Voeg eimengsel toe, klop tot dik beslag en laat 30 minuten staan. Verhit overige citroensap in een steelpan op halfhoog vuur en klop er de boter door. Haal van het vuur als de boter is opgelost.

Verhit de olijfolie in een koekenpan met antiaanbaklaag op halfhoog vuur. Schep er 3 eetlepels beslag in per pannenkoek. Bak onderkant goudbruin, draai om en bak nog een minuut. Herhaal met rest van beslag. Schep er spinazie, gerookte zalm, kappertjes en citroensaus over. Voor 4 personen.

kipsalade met roze grapefruit

1 lente-ui, fijngesneden
2 eetlepels wittewijnazijn
4 eetlepels extra vergine olijfolie
4 eetlepels crème fraîche*
175 g gebakken kipvlees, in stukjes
2 roze grapefruits
3 handen gemengde mizuna*, veldsla en jonge spinazie
8 walnoten, fijngehakt

Doe lente-ui, azijn, olijfolie en crème fraîche in een kom en meng tot een geheel. Voeg eventueel wat warm water toe als het te dik is. Doe de kip erbij en schep alles goed om. Schil met een scherpmes de grapefruit en haal de partjes los door steeds tussen de vliesjes te snijden. Schik een bedje van gemengde sla op een serveerschaal en schep er de kip over. Strooi er stukjes grapefruit en walnoot over en kruid met wat zeezout en versgemalen zwarte peper. Voor 4 personen als voorgerecht.

warme groente met witte bonen

6 eetlepels olijfolie
6 plakken pancetta*, fijngehakt
1 rode ui, gesnipperd
2 tenen knoflook, gehakt
2 theelepels fijngehakte rozemarijnblaadjes
2 stengels bleekselderie, in dunne plakjes
1 grote aubergine, in dunne plakjes
2 rode paprika's, in blokjes
1 blik (400 g) gepelde tomaten, gehakt
rasp en sap van 1 sinaasappel
1 blik (440 g) cannellinibonen, afgegoten en afgespoeld
2 eetlepels grof gehakte bladpeterselie
2 eetlepels extra vergine olijfolie
stokbrood

Verhit de olie in een ruime koekenpan op halfhoog vuur en doe er pancetta, ui, knoflook en rozemarijn in. Bak tot de ui zacht wordt en doe er dan selderie, aubergine en paprika bij. Voeg, als de aubergine zacht wordt, tomaten, sinaasappelrasp en -sap toe. Dek af en laat 30 minuten trekken op laag vuur. Voeg de witte bonen toe, kook nog 1-2 minuten en schep er de peterselie door. Schep in een serveerschaal, besprenkel met extra vergine olijfolie en serveer met warm stokbrood als eenvoudige maaltijd of als bijgerecht bij geroosterd lamsvlees. Voor 4 personen.

vers en snel

- Bak 2 aubergines in een oven van 215 °C tot het vlees zacht is. Lepel het vlees eruit en hak het grof in stukken. Schep om met wat tahin, citroensap, bladpeterselie en kruid royaal met komijnpoeder, zeezout en versgemalen zwarte peper. Serveer bij gegrilde lamskoteletten.
- Snij de bovenkant van een aantal rode paprika's en verwijder de zaadjes. Maak een vulling van gestoomde couscous, sinaasappelrasp, fijngesneden munt en wat rozijnen. Kruid met zeezout en versgemalen zwarte peper. Doe de vulling in de paprika's en besprenkel met olijfolie. Doe de bovenkant weer op de paprika's en bak ze een uur in de oven of tot ze zacht zijn. Serveer met een salade van rucola.
- Hak dille fijn en roer door een kommetje crème fraîche met wat citroenrasp en versgemalen zwarte peper. Serveer plakken gerookte zalm op krokante toast met wat van de kruidige crème fraîche erover en een plakje augurk.

kipsalade met roze grapefruit

kip met gekruide kumquats

De aromatische kumquats geven een bitterzoete smaak aan gebraad of ingemaakte gerechten.

tonijnsalade met gebakken citroenschil

kip met gekruide kumquats

1 scharrelkip van 1,8 kg
16 verse kumquats, gehalveerd
4 stukjes steranijs*
2 theelepels szechuanpeperkorrels*
60 ml dessertwijn (eventueel)
2 eetlepels tamari* of lichte sojasaus

Verwarm de oven voor op 200 °C. Spoel de kip af en dep droog met keukenpapier. Doe de gehalveerde kumquats, steranijs, peper en dessertwijn in een kom en roer door elkaar. Doe de gekruide kumquats in de holte van de kip. Sluit de holte af met een satépen zodat de kumquats niet naar buiten komen.

Wrijf het vel van de kip in met de tamari en bak 75 minuten in de oven of tot de kip gaar is. (Haal de kip eruit en controleer op gaarheid door een poot een beetje los te trekken: het vocht dat eruit loopt moet helder zijn en niet roze.)

Laat de kip 10 minuten rusten. Snij in stukken en serveer met een lepel gebakken kumquats en bijgerechten als aardappelpuree en gestoomde sperziebonen. Voor 4 personen.

tonijnsalade met gebakken citroenschil

800 g tonijnsteak
5 eetlepels olijfolie
1 eetlepel citroensap
1 eetlepel blaadjes citroentijm
2 handen rucola
2 handen radicchio
2 handen mizuna*
250 g kerstomaatjes
90 g kleine zwarte olijven
1 komkommer, geschild en zonder zaadjes
2 biologische citroenen
1 handvol bladpeterselie
extra vergine olijfolie
citroenpartjes

Snij de tonijnsteak in een aantal grote stukken en leg ze in 3 eetlepels olijfolie, citroensap en tijm. Laat een paar uur marineren. Schik slablaadjes, kerstomaatjes en olijven op een serveerschaal. Snij de komkommer in flinke stukken en voeg die bij de salade.

Haal de schil van de citroenen met een dunschiller en snij die in dunne reepjes. Verhit de rest van olijfolie in een kleine koekenpan op halfhoog vuur. Bak de schil 3 minuten en haal van het vuur zodra hij goudbruin begint te worden. Laat uitlekken op keukenpapier.

Verhit een koekenpan met antiaanbaklaag of een grillpan en schroei de tonijn een minuut aan beide kanten. Schik de stukken tonijn over de salade en bestrooi met citroenschil en peterselie. Besprenkel met wat extra vergine olijfolie en serveer met partjes verse citroen. Voor 4 personen.

groene asperges met citroenkruim

2 sneetjes volkorenbrood
1 teen knoflook
2 theelepels zeezout
2 theelepels tijmblaadjes
1 theelepel grof gehakte rozemarijnblaadjes
rasp en sap van 1 citroen
1 eetlepel olijfolie
450 g groene asperges, schoongemaakt
50 g boter, koud en in blokjes
40 g parmezaan, fijngeraspt

Verwarm de oven voor op 200 °C. Haal de korsten van het brood en doe het in een keukenmachine, samen met knoflook, zeezout, tijm, rozemarijn, citroenrasp en olijfolie. Draai tot zich broodkruim vormt. Strooi het kruim in een ondiepe schaal en bak het in de oven goudbruin.

Blancheer de asperges tot ze heldergroen zijn, giet af en fris op onder koud water. Doe citroensap in een steelpannetje op halfhoog vuur en klop er de koude boter door. Haal van het vuur als de boter is gesmolten.

Verdeel de asperges over vier borden en bestrooi met broodkruim en parmezaan. Sprenkel er de warme citroensaus over en dien meteen op. Voor 4 personen als voorgerecht.

kip in wijnblad

250 kerstomaatjes
1 handvol verse munt
1 handvol bladpeterselie
250 g stevige ricotta*
1 ei
4 kipfilets van 200 g
12 wijnbladeren op sap
250 ml witte wijn
sap van 1 citroen
2 handen gemengde jonge sla
2 eetlepels extra vergine olijfolie

Verwarm de oven voor op 200 °C. Pureer tomaten, 8 muntblaadjes en peterselie in een keukenmachine. Roer er ricotta en ei door en zet apart. Sla de kipfilets plat tot ze een halve centimeter dik zijn Doe elke filet in drie overlappende wijnbladeren en smeer het ricottamengsel erover. Kruid met versgemalen zwarte peper en wat zeezout. Rol op en pin vast met een cocktailprikker. Schik de pakketjes in een ovenschaal. Giet de witte wijn en het citroensap erover en dek af met aluminiumfolie. Bak 30 minuten. Haal uit de oven en laat afkoelen.

Rol vier wijnbladeren uit, leg er een op elk bord en leg hierop de sla. Snij de kip en schik die op de sla, samen met de rest van de munt. Besprenkel met de extra vergine olijfolie. Voor 4 personen.

vis in limoenmarinade

2 citroenblaadjes*, in dunne reepjes
sap van 2 limoenen
1 rode peper, zonder zaadjes en fijngehakt
2 theelepels vissaus*
2 eetlepels geraspte verse gember
60 ml olijfolie
80 g verse koriander
4 kabeljauwfilets van 150 g
tomatenrijst (zie basisrecepten)

Meng citroenblad, limoensap, rode peper, vissaus, gember en olijfolie in een ruime kom. Verwijder de steeltjes van de koriander en was zorgvuldig. Hak fijn en roer door de marinade. Voeg de vis toe en schep alles goed om. Dek af en laat marineren in de koelkast.

Verhit een koekenpan op halfhoog vuur en doe er de vis in. Bak één kant 3 minuten, draai de filets om en bak nog eens 3 minuten of tot ze gaar zijn.

Schep een royale lepel tomatenrijst op elk bord, garneer met koriander en leg er de vis op. Voor 4 personen.

sint-jakobsschelpen met citroencurry

2 theelepels boter
2 sjalotten, fijngesnipperd
2 theelepels groene currypasta*
1 eetlepel fijngehakt citroengras*
150 ml kokosmelk*
sap van 1 citroen
16 sint-jakobsschelpen in schelp, schoongemaakt
1 handvol verse koriander
limoenpartjes

Doe boter, sjalot, currypasta en citroengras in een steelpannetje op laag tot halfhoog vuur. Bak 3 minuten. Doe de kokosmelk erbij, laat 2 minuten sudderen en roer er dan citroensap door.

Leg de zeevruchten in hun schelp 2-3 minuten onder een grill. Schep wat saus in elke schelp. Serveer met wat koriander en de limoenpartjes. Voor 4 personen als voorgerecht.

citroenpasta

3 eetlepels extra vergine olijfolie
15 basilicumblaadjes, in reepjes
3 eetlepels grof gehakte bladpeterselie
2 tenen knoflook, fijngehakt
rasp en sap van 2 citroenen
500 g casareccia* (of penne)
75 g fijngeraspte parmezaan

Breng een ruime pan gezouten water aan de kook. Meng olijfolie, basilicum, peterselie, knoflook, citroenrasp en -sap in een kom. Kook de casareccia beetgaar. Giet af en doe terug in de warme pan. Voeg de citroen- en kruidenolie toe en schep de pasta goed om. Bestrooi met parmezaan en schep weer goed om. Kruid met zeezout en versgemalen zwarte peper. Voor 4 personen.

ossobucco

4 plakken kalfsschenkel van 4 cm dik
4 eetlepels bloem
2 theelepels zeezout
4 eetlepels olijfolie
1 prei, gewassen en fijngesneden
1 stengel bleekselderij, fijngehakt
1 blik (400 g) gepelde tomaten, gehakt
250 ml rode wijn
rasp en sap van 1 sinaasappel
rucola
polenta (zie basisrecepten)

Doe schenkels, bloem en zeezout in een schone plastic zak en schud tot de schenkels licht zijn bedekt met bloem. Verhit de olijfolie in een ruime braadpan op halfhoog vuur en bruin de schenkels met twee tegelijk aan beide kanten. Haal uit de pan en zet weg. Voeg prei en selderie toe en bak tot de prei zacht is. Doe er de tomaten bij en kook 5 minuten op hoog vuur. Voeg wijn, sinaasappelrasp en -sap toe. Roer goed door en doe de schenkels er weer bij. Doe een deksel op de pan en laat 1,5 uur sudderen. Serveer met een rucola-salade en warme polenta. Voor 4 personen.

zalmforel in tomaten-sinaasappelmarinade

4 zalmforelfilets van 150 g
2 eetlepels olijfolie
1 handvol bladpeterselie
rasp en sap van 1 citroen
rasp en sap van 1 sinaasappel
500 g trostomaten, in blokjes
15 g fijngehakte lente-ui
1 eetlepel gezouten kappertjes*

Snij de forel in grote stukken. Verhit de helft van de olie in een ruime koekenpan met dikke bodem op halfhoog vuur en bak de forel een minuut aan beide kanten. Leg op een serveerschaal en kruid met zeezout en versgemalen zwarte peper.

Strooi de peterselie over de vis. Doe citroen- en sinaasappelsap, rasp, tomaat, ui en kappertjes in de pan en kook een minuut. Giet over de vis en besprenkel met de rest van de olie. Laat 1 uur rusten.

Serveer de forelfilet op een salade van spinazie met een lepel van de marinade. Voor 4 personen.

vers en snel

- Meng de geraspte schil van 2 sinaasappels en 2 citroenen. Voeg wat fijngehakte peterselie toe en kruid met zeezout en versgemalen zwarte peper. Schep om en zet weg. Strooi het citrusmengsel over gebakken zalm- of kabeljauwfilets en giet er dan wat gesmolten boter over. Meteen opdienen.
- Roer voor een extra smakelijk resultaat wat gekruimelde blauwe kaas of een royale hand parmezaan door de polenta. Serveer blauwekaaspolenta met gegrilde pancetta en gestoomde broccoli en parmezaanpolenta met langzaam geroosterde tomaat en gegrilde worst.
- Als je gewone citroenpasta iets te eenvoudig vindt, voeg dan wat fijngesneden gerookte zalm en kappertjes toe. Doe er voor een steviger versie wat roosjes geblancheerde broccoli en bliktonijn bij.

zalmforel in tomaten-sinaasappelmarinade

aromatisch

Koriander, met zijn weelderige, dunne blaadjes en frisse aromatische smaak, brengt het Oosten aan tafel. Het lijkt op peterselie, maar is toch heel anders. De smaak lijkt de eerste keer wat vreemd, maar als je eraan gewend bent, is het net zo onmisbaar als peterselie en basilicum. Deze veelzijdige plant zit vol verrassingen. Rooster en maal de zaadjes in een vijzel voor het prikkelende poeder dat zo geliefd is in het Midden-Oosten, of strooi een handvol verse blaadjes over een eenvoudige salade. Komijn is een specerij die een fantastische diepte geeft aan veel gerechten. Het volle, aardse aroma van roosterende zaden is onmiskenbaar aanwezig als er ergens een exotisch maal wordt bereid. Voor optimaal genot is het essentieel dat je de zaden zelf roostert en vers maalt. Alleen dan komt de schitterende smaak van komijn echt tot zijn recht.

zomersalade met gekruide geitenkaas

wilde-rijstschotel

200 g wilde rijst
400 g zalmfilet
currysaus (zie basisrecepten)
1 citroen, gehalveerd
1 handvol bladpeterselie
1 handvol verse koriander
2 trostomaten, in achten
4 eieren, halfhard gekookt, in vieren

Verwarm de oven voor op 180 °C. Was de rijst in koud water en doe in een pan. Doe er 1,5 liter koud water bij en een snufje zout. Breng aan de kook en laat 25 minuten sudderen, giet af en maak luchtig met een vork. Zet apart.

Snij de zalm in 4 stukken en leg deze in een ondiepe ovenschaal. Bak 5 minuten. Maak intussen de currysaus.

Haal de zalm uit de schaal, pers er wat citroensap over en breek in stukken. Schep de rijst om met de helft van de kruiden en wat currysaus en verdeel over vier borden. Doe er tomaten, partjes ei, zalm en de rest van de kruiden over en een scheutje van de saus.

zomersalade met gekruide geitenkaas

100 g verse, jonge geitenkaas
2 theelepels komijnpoeder
100 g sperziebonen, schoongemaakt
4 romatomaten
2 kleine komkommers (of 1 grote)
10 muntblaadjes
2 lente-uitjes, fijngesneden
1 handvol bladpeterselie
4 eetlepels extra vergine olijfolie
1 eetlepel citroensap

Doe de geitenkaas in een kom met de komijn en een royale hoeveelheid versgemalen zwarte peper. Roer tot een zachte, dikke room. Als de kaas iets te stevig is, voeg dan wat melk toe om het geheel wat zachter te maken.

Blancheer de bonen in kokend zout water. Giet ze af als ze heldergroen zijn en spoel na met koud water. Snij de bonen in diagonale repen en doe ze in een ruime schaal. Snij de tomaat en komkommer in grove stukken en doe ze bij de bonen. Bestrooi met zout en doe er munt, lente-ui, peterselie, extra vergine olijfolie en citroensap bij. Schep alles om en verdeel over vier borden. Maak af met een lepel van de geitenkaas. Voor 4 personen als voorgerecht.

warme groenepepersalade

8 grote milde groene pepers
4 eetlepels extra vergine olijfolie
1 eetlepel balsamicoazijn*
2 theelepels komijnpoeder
400 g snijbonen, in ruiten gesneden
10 grote zwarte olijven, ontpit en grof gehakt
10 basilicumblaadjes, gescheurd

Verwarm de oven voor op 180 °C. Doe de pepers in een ovenschaal en bak 30 minuten of tot het vel begint te blakeren. Meng voor de dressing extra vergine olijfolie, azijn en komijn in een kommetje door elkaar. Blancheer de bonen 2 minuten in kokend zout water of tot ze heldergroen worden. Giet af en spoel na met koud water.

Leg 2 pepers kruislings op elk bord. Strooi er de bonen, zwarte olijven en basilicum over en besprenkel met de dressing.
Voor 4 personen.

vers en snel

- Meng 200 g gekookte witte rijst met currysaus (zie basisrecepten) en wat fijngehakte koriander. Vul 8 grote milde groene pepers met de rijst en bak 30 minuten in een oven van 210 °C.
- Schep gekookte wilde rijst om met fijngehakte, geroosterde en gehakte rode paprika, gesnipperde rode ui en peterselie. Breng op smaak en besprenkel met extra vergine olijfolie en een scheutje granaatappelsiroop. Serveer bij kruidige, gegrilde worstjes.
- Gril een aantal grote, milde groene pepers tot het vel zwart is. Snij ze fijn en schep om met gegrilde baby-octopus, basilicum, rucola en grof gehakte trostomaten. Kruid en besprenkel met extra vergine olijfolie.
- Schep voor een licht en simpel bijgerecht een aantal geblancheerde sperziebonen om met extra vergine olijfolie, citroensap en verse tijmblaadjes. Schep op een serveerschaal en kruimel er wat feta over. Kruid met versgemalen zwarte peper.

kokosgroenten

200 g haricots verts, schoongemaakt
200 g sugarsnaps, schoongemaakt
1 eetlepel olijfolie
2 tenen knoflook, fijngehakt
1 eetlepel erg fijn gehakt citroengras*
2 theelepels paprikapoeder
125 ml kokosmelk*
2 eetlepels vissaus*
2 theelepels geschaafde palmsuiker*

Blancheer de bonen en sugarsnaps 2 minuten in kokend, gezouten water of tot ze heldergroen zijn. Giet af en spoel na met koud water. Zet apart.

Verhit de olijfolie in een wok of ruime koekenpan op halfhoog tot hoog vuur en doe er knoflook, citroengras en paprikapoeder in. Roerbak 1 minuut en voeg dan kokosmelk, 125 ml water, vissaus en palmsuiker toe. Temper het vuur en laat 5 minuten sudderen onder af en toe roeren om de suiker op te lossen. Doe er bonen en sugarsnaps bij en kook nog een minuut. Schep in een serveerschaal. Serveer met gestoomde rijst en gegrilde kip of vis. Voor 4 personen als bijgerecht.

gegrilde kip met aïoli

4 kippenbillen
1 eetlepel fijngehakte verse tijm
2 eetlepels komijnpoeder
2 theelepels korianderpoeder (ketoembar)
2 theelepels paprikapoeder
sap van 1 citroen
4 eetlepels olijfolie
groene salade
aïoli (zie basisrecepten)

Doe de stukken kip in een ruime kom, samen met tijm, komijn, koriander, paprikapoeder en 2 theelepels zeezout. Wrijf de kruiden in het vel en sprenkel citroensap en olijfolie over de kip. Dek af en laat een paar uur of een nacht in de koelkast marineren. Verwarm de oven voor op 220 °C. Steek een grill aan en gril de kip 2-3 minuten aan elke kant. Leg in een ovenschaal en bak 35 minuten in de oven. Controleer of de kip gaar is en serveer met een groene salade en een flinke lepel aïoli.
Voor 4 personen.

vis-chermoula

1 eetlepel komijnzaad, geroosterd
1 eetlepel korianderzaad, geroosterd
1 eetlepel paprikapoeder
1 eetlepel geraspte gember
2 tenen knoflook
1 geroosterde rode paprika, zonder zaadjes en zonder vel
4 eetlepels grof gehakte verse koriander
2 eetlepels olijfolie
4 filets van 200 g stevige witvis (zeewolf, zeebaars)
limoenpartjes
romige aardappelpuree (zie basisrecepten)

Verwarm de oven voor op 200 °C. Doe alle ingrediënten behalve de vis, limoenpartjes en aardappelpuree in een keukenmachine (of gebruik een vijzel) en draai alles tot een dikke pasta.

Wrijf de vis in met de pasta. Leg de vis met het vel naar boven op een bakplaat en bestrooi met zeezout. Bak 12 minuten. Haal uit de oven en controleer met de punt van een scherp mes of de vis gaar is. Serveer met limoenpartjes en romige aardappelpuree of een groene salade. Voor 4 personen.

omelet met spinazie en ricotta

4 eetlepels boter
1 ui, in ringen
1 theelepel komijnpoeder
snufje nootmuskaat
500 g spinazie
6 eieren, wit en dooier gescheiden
4 eetlepels grof gehakte bladpeterselie
2 eetlepels fijngehakte dille
200 g ricotta*
3 eetlepels geraspte parmezaan

Verhit een ruime koekenpan met dikke bodem op halfhoog vuur en doe er 1 eetlepel boter, ui, komijn en nootmuskaat in. Bak tot de ui zacht is en voeg de spinazie toe. Dek af en stoom 2 minuten. Haal van het vuur en laat afkoelen. Klop de eiwitten stijf. Knijp overtollig vocht uit de spinazie en hak fijn. Meng het spinazie-uimengsel in een aparte kom met dooiers, peterselie, dille en ricotta. Breng op smaak met zeezout en versgemalen zwarte peper en spatel er het eiwit door.

Zet de pan op hoog vuur en smelt de rest van de boter. Giet er het eimengsel in en draai het vuur halfhoog. Bak 1-2 minuten. Bestrooi met parmezaan en zet onder een grill tot alles goudbruin is. Serveer met geroosterd volkorenbrood. Voor 4-6 personen.

zwaardvisspiesen met kruidige tahinsaus

rode-linzensoep

3 eetlepels olijfolie
1 ui, gesnipperd
1 eetlepel geraspte verse gember
1 eetlepel komijnpoeder
2 wortelen, geschild en geraspt
250 g rode linzen
1 liter groentebouillon of water
2 rode uien, in ringen
bosje (80 g) verse koriander, inclusief wortels

Doe 1 eetlepel olijfolie, ui, gember en komijn in een ruime pan. Bak op halfhoog vuur tot de ui zacht en glazig is. Voeg wortel, linzen en bouillon toe. Breng aan de kook en laat 30 minuten sudderen of tot de linzen helemaal uiteenvallen.

Verhit intussen de rest van de olijfolie in een koekenpan op halfhoog vuur en doe er de rode ui in. Was de koriander. Hak wortel en steeltjes fijn en hou het blad apart voor de garnering. Voeg gehakte korianderwortel en -steeltjes bij de rode ui en blijf, onder af en toe roeren, bakken tot de ui is gekarameliseerd.

Schep de soep in vier kommen, bestrooi royaal met korianderblad en maak af met een lepel gekarameliseerde ui. Voor 4 personen als voorgerecht.

kruidige gamba's en tomaten

1 eetlepel lichte olijfolie
1 theelepel komijnzaad
2 grote groene pepers, zonder zaadjes en fijngehakt
1 theelepel kurkuma (koenjit)
250 g kerstomaatjes, gehalveerd
16 grote, rauwe gamba's, gepeld, zonder darmkanaal en met staart
125 ml kokosmelk*
1 handvol Thaise basilicum*
gestoomde witte rijst

Verhit de olijfolie in een koekenpan op hoog vuur en doe er komijnzaad, pepers en kurkuma in. Draai het vuur naar halfhoog, doe er na 1 minuut de tomaten bij en bak nog een minuut. Voeg de gamba's toe en bak 2-3 minuten aan elke kant of tot ze roze zijn en opkrullen. Haal de garnalen uit de pan en zet apart. Giet de kokosmelk in de pan, kruid met zeezout en versgemalen zwarte peper en laat 1 minuut sudderen. Schik intussen de gamba's op vier borden. Schep er de saus over en garneer met Thaise basilicum. Geef er gestoomde witte rijst bij.
Voor 4 personen.

zwaardvisspiesen met kruidige tahinsaus

1 rode ui
3 citroenen
2 theelepels fijne tafelsuiker of witte basterd
135 g tahin*
2 eetlepels yoghurt
2 theelepels komijnpoeder
4 zwaardvissteaks, in blokken gesneden
3 kleine komkommers, diagonaal fijngesneden

Leg vier houten satéprikkers een uur in water. Snij de ui in tweeën en dan verder in dunne reepjes. Doe alles in een kom en bestrooi met 1 eetlepel zeezout. Laat 20 minuten staan en spoel de ui dan af onder koud water. Knijp droog en doe weer in de kom, samen met het sap van 1 citroen en de suiker. Schep om.

Meng voor de saus de tahin met het sap van 1 citroen, de yoghurt, komijn en 3 eetlepels water.

Halveer de laatste citroen en snij hem in dikke plakken. Rijg de stukken vis en citroen aan de prikkers. Bestrooi met zeezout en zet apart. Schep de komkommer en ui om en verdeel dit over vier borden. Verhit een ruime koekenpan met antiaanbaklaag en bak de spiesen 2 minuten aan elke kant. Serveer met de komkommersalade en tahinsaus. Voor 4 personen.

vers en snel

- Verhit voor een erg snelle en makkelijke saus 400 g gepelde tomaten uit blik in een steelpan met 2 eetlepels boter en 2 theelepels komijnpoeder. Laat een paar minuten sudderen en serveer bij geroosterde groente en lamskoteletten.
- Hak 3 trostomaten, 6 zwarte olijven en 2 ansjovisfilets en wat verse basilicum fijn. Giet er extra vergine olijfolie over en laat 30 minuten staan zodat de smaken kunnen mengen. Schep over gegrilde zwaardvis en aardappelpuree.
- Snij voor een zomers gerecht 1 rode ui in dunne ringen en bestrooi die met een eetlepel suiker en wat zout. Laat 30 minuten staan en schenk er dan ciderazijn op. Schik dikke plakken rijpe tomaat op een serveerschaal en schep er de uitgelekte ui over. Besprenkel met de extra vergine olijfolie en kruid met versgemalen zwarte peper.

kruidige gamba's en tomaten

geroosterde-paprikasoep met muntyoghurt

Door paprika's te roosteren komt hun natuurlijke, rokerige zoetheid naar boven.

geroosterde-paprikasoep met muntyoghurt

4 rode paprika's
4 trostomaten, zonder steeltjes
1 eetlepel olijfolie
750 ml groentebouillon
2 theelepels fijngehakte chipotlepeper*
2 theelepels komijnpoeder
4 eetlepels yoghurt
1 eetlepel fijngehakte verse munt

Verwarm de oven voor op 200 °C. Doe paprika's en tomaten in een ovenschaal en wrijf ze in met wat olijfolie. Bak 30 minuten of tot zowel paprika's als tomaten wat geblakerd zijn. Haal uit de oven en laat afkoelen. Verwijder vel en zaadjes van de paprika's en doe ze dan samen met de tomaten in een keukenmachine. Draai tot een gladde puree en doe deze in een pan met de bouillon, pepers en komijn. Breng aan de kook en draai dan het vuur laag. Laat de soep 10 minuten sudderen en breng op smaak met zeezout en versgemalen zwarte peper. Meng yoghurt en munt. Schep de soep in warme kommen en doe er een lepel yoghurt bij. Voor 4 personen.

eend met kweepeer en rode wijn

12 takjes tijm
250 ml rode wijn
2 tenen knoflook, gehalveerd
4 eendenborstfilets
3 eetlepels kweeperenpuree (zie basisrecepten)
2 theelepels komijn
couscous (zie basisrecepten)

Verwarm de oven voor op 200 °C. Schik de takjes tijm op de bodem van een ovenschaal als bedje voor de eend. Doe er wijn en knoflook bij. Spoel de eend af onder de kraan en dep droog met keukenpapier. Maak met een scherp mes enkele inkepingen in het vette vel. Wrijf de kweeperengelei in het vel en bestrooi met komijn, zeezout en versgemalen zwarte peper. Leg de filets op de tijm, met het vel naar boven. Bak 5 minuten, haal uit de oven en smeer de zacht geworden gelei met een mes over de filets. Zet weer 10 minuten in de oven. Zet voor een krokant vel de gebakken eend 2 minuten onder een hete grill.Laat even rusten en snij in plakken. Serveer met couscous, wat takjes tijm en een lepel van het bakvocht eroverheen. Voor 4 personen.

gestoomde-auberginesalade

65 g tahin*
60 g yoghurt
2 eetlepels citroensap
4 theelepels komijn
1 teen knoflook, fijngehakt
2 aubergines
40 g geroosterde pijnboompitten
1 handvol verse koriander
2-4 theelepels extra vergine olijfolie
2 theelepels Spaans paprikapoeder*

Doe voor de dressing tahin, yoghurt, citroensap, komijn en knoflook in een kom. Voeg 3 eetlepels water toe en roer glad. Zet apart.

Snij de uiteinden van de aubergine. Snij in dunne plakjes en leg deze in een stoommandje. Kruid met wat zeezout en versgemalen zwarte peper. Stoom 5-7 minuten of tot de aubergine zacht is. Schik op een serveerschaal, besprenkel met de dressing en strooi er pijnboompitten en koriander over. Besprenkel met extra vergine olijfolie en bestrooi met paprikapoeder.
Voor 4 personen als bijgerecht.

rijst met tomaten en spinazie

1 eetlepel boter
500 g spinazie, gewassen en uitgelekt
400 g basmatirijst
60 ml lichte olijfolie
1 theelepel kurkuma (koenjit)
2 theelepels komijnpoeder
1 rode ui, in dunne ringen
2 trostomaten, fijngehakt
750 ml groentebouillon

Smelt de boter in een koekenpan op halfhoog vuur. Hak de spinazie fijn en doe hem in de hete boter. Dek af en kook tot de spinazie donkergroen en slap is. Haal van het vuur en zet apart.

Verhit in een ruime pan de olijfolie op halfhoog vuur en voeg kurkuma, komijn en ui toe. Bak 5-7 minuten of tot de ui goudgeel is en licht gekarameliseerd. Voeg de rijst toe en roer 1 minuut om. Knijp overtollig vocht uit de spinazie en doe bij de rijst, samen met de tomaten en bouillon. Schep één keer om en breng aan de kook. Dek af, draai het vuur zo laag mogelijk en kook 25 minuten of volg de instructies op de rijstverpakking.

Serveer met yoghurt, gegrilde vis en partjes verse limoen.
Voor 6 personen als bijgerecht

gekruide linzen met lamskoteletten

2 eetlepels olijfolie
2 tenen knoflook, gehakt
1 rode ui, gesnipperd
2 theelepels fijngehakte chipotlepeper*
2 theelepels kurkuma (koenjit)
100 g puylinzen*
1 blik (400 g) tomaten uit blik, grof gehakt
12 lamskoteletjes
1 handvol verse koriander

Verhit de olijfolie in een steelpan op halfhoog vuur. Doe er knoflook, ui, pepers en kurkuma in en bak tot de ui zacht en glazig is. Voeg de linzen toe en bak, al roerend, 1 minuut. Voeg tomaten en 500 ml water toe. Doe een deksel op de pan en laat de linzen 40 minuten sudderen. Haal van het vuur als ze gaar zijn en breng op smaak.

Verhit een koekenpan met antiaanbaklaag op hoog vuur en bak de lamskoteletten aan één kant. Bak tot de bovenkant er wat bloederig begint uit te zien, draai om en bak nog 1-2 minuten. Bestrooi met zeezout en laat een paar minuten rusten. Verdeel de linzen over vier warme borden. Leg er de koteletten op en garneer met koriander. Voor 4 personen.

kruidige zalmforel

2 eetlepels komijnzaad
1 eetlepel korianderzaad
2 eetlepels olijfolie
2 preien, gewassen en in ringetjes
2 wortels, geschild en in dunne plakjes
2 stengels bleekselderie, in dunne plakjes
250 ml witte wijn
4 zalmforelfilets van 200 g
sap van 1 citroen
aardappelpuree (zie basisrecepten)

Doe komijn- en korianderzaadjes in een koekenpan met dikke bodem op halfhoog vuur. Rooster tot de geur loskomt. Haal van het vuur en maal de zaadjes met een blender of vijzel tot grof poeder.

Doe de specerijen weer in de pan en voeg olijfolie en prei toe. Bak 5 minuten op halfhoog vuur. Doe er wortel en selderie bij en bak nog een paar minuten of tot beide zacht worden. Giet er de witte wijn en 125 ml water bij en leg de visfilets op dit mengsel. Kruid met zeezout en versgemalen zwarte peper, leg een deksel op de pan en laat 6 minuten sudderen. Haal van het vuur en besprenkel de vis met citroensap. Serveer met aardappelpuree en een lepel van de kruidige saus.

geroosterde pompoen en uien met harissacouscous

red snapper met salsa

geroosterde pompoen en uien met harissacouscous

800 g pompoen, in blokjes
6 lente-uitjes, alleen het witte gedeelte, gehalveerd
2 eetlepels extra vergine olijfolie
180 g couscous
1 eetlepel boter
50 g jonge spinazie
harissa (zie basisrecepten)

Verwarm de oven voor op 200 °C. Leg de stukken pompoen en ui in een ovenschaal. Besprenkel met extra vergine olijfolie en kruid met zeezout en versgemalen zwarte peper. Bak 20 minuten. Haal uit de oven en draai de stukken pompoen en ui om. Zet weer in de oven en bak nog eens 20 minuten.

Giet 375 ml kokend water over de couscous in een kom en doe de boter erbij. Dek af en laat 5 minuten staan. Maak de couscous luchtig met een vork en schep hem dan op vier borden. Leg hier spinazie, pompoen en ui op en lepel er wat harissa over.
Voor 4 personen.

red snapper met salsa

2 rijpe tomaten, fijngehakt
1 kleine komkommer, fijngehakt
halve rode ui, gesnipperd
2 grote rode pepers, zonder zaadjes en in ringetjes
1 handvol verse koriander
4 theelepels komijnpoeder
4 theelepels vissaus*
2 eetlepels citroensap
4 eetlepels olijfolie
4 red-snapperfilets, met vel
2 eetlepels plantaardige olie

Verwarm de oven voor op 180 °C. Roer tomaten, komkommer, ui, rode peper, koriander, komijn, vissaus, citroensap en olijfolie licht door elkaar in een kom. Breng op smaak met zeezout en versgemalen zwarte peper. Spoel de visfilets af en dep droog met keukenpapier. Verhit de plantaardige olie in een ruime, voor de oven geschikte koekenpan op hoog vuur. Bestrooi de filets royaal met zeezout en leg ze op het vel in de hete pan. Bak de filets 1-2 minuten tot het vel krokant goudbruin is en draai dan om.

Zet de pan in de oven en bak 8 minuten. Leg de filets op borden en schep er een lepel van de salsa over. Meteen serveren.
Voor 4 personen.

gekruid varkensvlees met Chinese groente

2 eetlepels sojasaus
2 eetlepels mirin*
1 eetlepel sesamolie*
2 tenen knoflook, fijngehakt
1 eetlepel bruine suiker
2 theelepels Chinees vijfkruidenpoeder*
4 stukjes steranijs*
1 eetlepel fijngeraspte gember
ongeveer 500 g varkensfilet
1 kg Chinese broccoli, gewassen
gestoomde rijst

Doe sojasaus, mirin, sesamolie, knoflook, bruine suiker, vijfkruidenpoeder, steranijs en gember in een ruime kom en roer tot de suiker is opgelost en de ingrediënten goed zijn gemengd. Voeg het vlees toe en marineer minimaal 1 uur. Verwarm de oven voor op 180 °C. Verhit een koekenpan met antiaanbaklaag en bak het vlees aan beide zijden goudbruin. Leg dan in een ovenschaal en bak 10 minuten. Giet de rest van de marinade in de koekenpan met 125 ml water en laat 3 minuten sudderen. Stoom of roerbak de broccoli tot hij heldergroen is. Haal het vlees uit de oven en laat het een paar minuten rusten. Serveer dunne plakjes vlees met de warme groente, rijst en een lepel saus. Voor 4 personen.

vers en snel

- Doe blokjes geschilde pompoen en zoete aardappel in een kom en besprenkel met olijfolie. Bestrooi met komijnpoeder, wat gemalen rode peper, zeezout en versgemalen zwarte peper. Rooster goudbruin in een oven van 210 °C en serveer bij gegrilde worst.
- Doe wat bruine suiker en steranijs in een specerijmolen (of koffiemolen) en maal fijn. Wrijf hiermee het ingesneden vel in van eendenborstfilets en bak deze. Serveer met een salade van plakjes verse sinaasappel en waterkers.
- Een oude favoriet met een oosterse draai: bak plakjes zoetzure appel met wat steranijs. Voeg wat suiker en een scheutje balsamicoazijn toe. Serveer bij gebakken varkenshaas of karbonades.
- Salsa's zijn een makkelijke en snelle manier om smaak toe te voegen aan vis of kip. Meng fijngehakte avocado, komkommer, rode peper, verse koriander en citroensap. Of groene mango, rode paprika, lente-ui en limoensap. Kruid en schep over gegrilde vis. Besprenkel met olijfolie en strooi er verse kruiden over.

gekruid varkensvlees met Chinese groente

geur

De ene is de duurste specerij ter wereld, de andere is wat alledaagser. Gelukkig is een klein plukje saffraan genoeg om elk gerecht de gewenste smaak te geven. Maar zonder dit culinaire goud zouden eeuwen van culturele traditie herschreven moeten worden. Stel je een bouillabaisse in de Provence of een risotto in Milaan voor zonder die gouden draadjes. In tegenstelling tot deze exquise, met de hand geplukte stempels van de paarse krokus, heeft kaneel, afkomstig van de schors van de cinnamon verum-boom, een veel minder verheven reputatie. Oudere mensen associëren het vaak met de rijstepap uit hun jeugd. Maar ook de hartige kant van kaneel - in Afrikaanse tagines en stevige gerechten uit het Middellandse Zee-gebied bijvoorbeeld - is de moeite van het ontdekken waard. Kaneel en saffraan... een geurige combinatie die je niet wil missen.

chilimosselen

vistagine

4 eetlepels olijfolie
1 grote rode ui, grof gehakt
10 draadjes saffraan
2 theelepels komijnpoeder
4 grote aardappelen, in plakjes (ongeveer 750 g)
2 stengels bleekselderie, grof gehakt
1 blik (400 g) gepelde tomaten, gehakt
1 pijpje kaneel
600 g dikke red-snapperfilets, in stukken van 4 cm
1 handvol bladpeterselie
2 eetlepels fijngehakte geconfijte citroen*

Verhit de olijfolie in een ruime, diepe koekenpan of braadpan op halfhoog vuur. Voeg ui, saffraan en komijn toe en bak tot de ui zacht en iets gekarameliseerd is. Doe er aardappelen, selderie, tomaten, kaneel en 250 ml water bij. Breng aan de kook en laat 10 minuten sudderen. Bestrooi de vis met zeezout en doe ze bij de stoofpot als de aardappelen zacht zijn. Laat nog 10 minuten sudderen en kruid dan met versgemalen zwarte peper. Garneer met peterselie en geconfijte citroen en serveer met warm stokbrood. Voor 4 personen.

chilimosselen

2 kg mosselen
3 eetlepels olijfolie
2 theelepels rodepepervlokken
3 tenen knoflook, fijngehakt
15 draadjes saffraan
1 kg gepelde tomaten uit blik
3 eetlepels tomatenpuree
175 ml witte wijn
10 g bladpeterselie, grof gehakt

Spoel de mosselen af, verwijder openstaande exemplaren en zet apart. Verhit de olijfolie in een ruime pan op halfhoog vuur en bak hierin 1 minuut pepervlokken, knoflook en saffraan. Voeg de tomaten toe en maak ze al roerend fijn. Roer er de tomatenpuree door en kook 10 minuten. Breng aan de kook, voeg de mosselen toe, leg een deksel op de pan en kook 3 minuten, of tot ze allemaal open zijn. Gooi gesloten exemplaren weg. Zet het vuur laag en schep de mosselen in vier warme kommen. Giet de witte wijn in de pan, kook nog 2 minuten en schep de warme soep over de mosselen. Garneer met peterselie en serveer met warm stokbrood. Voor 4 personen.

krabtaartjes

250 g kerstomaatjes
2 theelepels gehakte tijm
10 draadjes saffraan
150 ml room
2 dooiers
2 eetlepels fijngehakte bieslook
6 voorgebakken taartvormpjes van kruimeldeeg (zie basisrecepten)
150 g krabvlees
gemengde salade

Verwarm de oven voor op 180 °C. Doe kerstomaatjes en tijm in een ovenschaaltje en bak 20 minuten of tot de tomaatjes open barsten. Verwarm ondertussen de saffraan met 80 ml water in een steelpan op hoog vuur, tot het vocht is ingekookt tot 1 eetlepel. Klop het saffraanvocht in een kom met room, dooiers en bieslook. Haal de tomaatjes uit de oven en hak ze grof. Gooi taaie stukjes vel weg. Lepel het tomatenmengsel over de bodem van de taartvormpjes en verdeel er het krabvlees over. Schep het roommengsel in de vormpjes en bak 15 minuten of tot ze net gestold zijn. Serveer met een salade. Voor 6 personen als voorgerecht.

vers en snel

- Stoom mosselen open in wat witte wijn met een beetje tijm. Haal de mosselen uit hun schelp en marineer ze in olijfolie, citroensap, gehakte knoflook en fijngehakte tomaat. Serveer met een salade van plakjes vastkokende aardappel en jonge spinazie.
- Bak voor een snelle, maar exotische pastasaus fijngehakte knoflook en draadjes saffraan in wat boter op halfhoog vuur. Voeg blokjes verse tomaat en tomatenpuree toe en laat sudderen met wat water en een pijpje kaneel. Voeg vers gekookt krabvlees bij de tomatensaus en schep de saus dan om met warme linguini. Garneer met takjes koriander.
- Leg blokjes aardappel in een ovenschaal met hele tenen knoflook. Besprenkel met olijfolie en strooi er wat kaneel en paprikapoeder over. Wrijf de olie en de kruiden over de aardappelen en bak goudbruin en krokant.

kip- en misosoep

6 gedroogde shii-take*
1 liter kippenbouillon
stukje gember van 3 cm, geschild en in dikke plakjes
1 pijpje kaneel
2 kipfilets van 200 g, diagonaal fijngesneden
6 lente-uitjes, in stukjes van 2 cm
8 kolfjes babymaïs, in de lengte gehalveerd
2 eetlepels witte miso*
100 g sugarsnaps, schoongemaakt

Doe de shii-take in een kom en giet er 250 ml heet water over. Laat 10 minuten wellen. Haal de shii-take eruit en zeef het vocht boven een ruime pan. Verwijder de harde steeltjes van de paddestoelen en snij de hoedjes in dunne repen. Doe ze in de pan, samen met de bouillon, gember en kaneel. Breng aan de kook en laat 10 minuten sudderen. Verwijder kaneel en voeg kip, ui en babymaïs toe. Sudder nog 5 minuten en doe er dan miso en sugarsnaps bij. Breng de soep tegen de kook aan en schep hem in vier kommen. Voor 4 personen.

zoete aardappel met kokos

600 g zoete aardappel, geschild en in blokjes
1 pijpje kaneel
2 grote rode pepers, zonder zaadjes en fijngesneden
fijngeraspte schil van 1 sinaasappel
1 theelepel nootmuskaat
1 blik (400 ml) kokosmelk*
80 g verse koriander
1 theelepel Spaans paprikapoeder*
couscous (zie basisrecepten)

Doe zoete aardappel, kaneel, pepers, sinaasappelrasp, nootmuskaat en kokosmelk met 250 ml water in een ruime pan. Breng aan de kook en laat 30 minuten sudderen of tot de zoete aardappel zacht en gaar is. Garneer royaal met takjes koriander en bestrooi met paprikapoeder. Serveer op een bedje van couscous. Dit bijgerecht is heerlijk bij kip of varkensvlees. Voor 4 personen.

gegrilde kip met amandelsalade

10 draadjes saffraan
1 theelepel kaneelpoeder
2 theelepels gemberpoeder
sap van 2 citroenen
5 eetlepels olijfolie
4 kippenpoten
2 groene paprika's, zonder zaadjes en in stukjes
50 g amandelschaafsel, geroosterd
1 handvol bladpeterselie
1 eetlepel fijngehakte geconfijte citroen*
rucola

Doe de saffraan met 3 eetlepels kokend water in een kommetje. Laat 2-3 minuten trekken. Doe intussen kaneel, gember, citroensap en 4 eetlepels olijfolie in een grote kom. Meng en voeg kip, saffraanwater en versgemalen zwarte peper toe. Dek af en laat een paar uur of een nacht in de koelkast staan.

Verwarm de oven voor op 200 °C. Leg de kip in een ovenschaal, besprenkel met de marinade en bestrooi met wat zeezout. Bak 40 minuten. Verhit intussen de rest van de olie in een koekenpan op halfhoog vuur. Bak de paprika tot hij zacht wordt en zet weg. Doe amandel, peterselie en geconfijte citroen bij de paprika en schep alles over de kip. Serveren met rucola-salade. Voor 4 personen.

vis met romige saffraansaus

12 draadjes saffraan
1 eetlepel olijfolie
6 sjalotjes, gesnipperd
1 grote rode peper, zonder zaadjes en fijngehakt
2 theelepels geel mosterdzaad*
1 tomaat, in blokjes
2 theelepels bruine suiker
4 roodbaarsfilets van 180 g
4 handen jonge spinazie
185 ml kokokmelk*
gehalveerde limoenen

Doe de saffraan met 250 ml kokend water in een kommetje. Verhit een ruime, diepe koekenpan op halfhoog vuur en doe er olijfolie en sjalotjes in. Voeg rode peper, mosterdzaad, tomaat, suiker en saffraanwater toe als de sjalotjes zacht zijn. Laat 3 minuten sudderen en doe er dan de visfilets bij. Dek af en kook nog 5 minuten.

Verdeel de vis over vier borden en leg er de spinazie naast. Doe de kokosmelk bij de saus, laat 1 minuut koken en lepel hem over de vis. Serveren met verse limoen en gestoomde witte rijst. Voor 4 personen.

lamspasteitjes met parmezaan

2 eetlepels olijfolie
2 uien, gesnipperd
2 tenen knoflook, gehakt
500 g lamsgehakt
2 stengels bleekselderie
40 g geraspte wortel
2 theelepels kaneelpoeder
1 blik gepelde tomaten (400 g), gehakt
250 ml rode wijn
3 eieren
200 ml yoghurt
100 g geraspte parmezaan

Verwarm de oven voor op 200 °C. Verhit de olijfolie in een koekenpan op halfhoog vuur en voeg ui en knoflook toe. Bak tot de ui zacht en goudbruin wordt. Doe er het gehakt bij en draai het vuur hoger. Bruin het gehakt en doe er dan selderie, wortel, kaneel, tomaat en wijn bij. Draai het vuur weer halfhoog en sudder tot het vocht is ingekookt. Breng op smaak met versgemalen zwarte peper en zeezout. Schep het mengsel in vier soufflébakjes of één grote ovenschaal. Klop eieren, yoghurt en de helft van de parmezaan in een kom door elkaar. Schep dit mengsel in de bakjes en strooi er de rest van de parmezaan over. Bak 20 minuten of tot de bovenkant goudbruin is. Voor 4 personen.

citroen- en saffraanrisotto

1 liter groentebouillon
50 g boter
1 ui, gesnipperd
15 draadjes saffraan
275 g risottorijst*
150 g groene asperges
2 eetlepels citroensap
80 g geraspte parmezaan

Verhit de bouillon in een ruime pan op hoog vuur. Draai het vuur naar sudderstand als hij bijna kookt. Smelt de boter in een steelpan met dikke bodem op halfhoog vuur. Doe er ui en saffraan in en bak tot de ui zacht en glazig is. Voeg de rijst toe en roer tot de korrels glanzen van de saffraanboter. Giet er 250 ml hete bouillon bij en roer tot die is geabsorbeerd. Blijf bouillon toevoegen tot alles is geabsorbeerd en de rijst zacht is. Breng een pan water aan de kook en blancheer daarin snel de asperges tot ze heldergroen zijn. Giet af en snij in stukjes. Doe citroensap en parmezaan door de risotto en kruid met zeezout en versgemalen zwarte peper. Schep in warme kommen en maak af met stukjes asperge. Voor 4 personen.

marokkaans lamsvlees

125 ml citroensap
3 eetlepels olijfolie
2 theelepels kaneelpoeder
3 tenen knoflook, in plakjes
2 theelepels komijn
fijngeraspte schil van 1 sinaasappel
500 g lamsfilet
1 handvol bladpeterselie
20 muntblaadjes, grof gehakt
20 oreganoblaadjes
2 trostomaten, grof gehakt

Doe citroensap, olijfolie, kaneel, knoflook, komijn en sinaasappelrasp in een kom van glas of keramiek en meng. Doe het vlees erbij en zet 3 uur of een nacht in de koelkast.

Haal het vlees uit de marinade en bak het in een koekenpan met antiaanbaklaag op hoog vuur. Bak tot de ongebakken kant er bloederig begint uit te zien, draai het vlees om, zet het vuur lager en bak nog 5 minuten. Laat het vlees een paar minuten rusten. Schep de verse kruiden om met de tomaat en verdeel over vier borden. Snij het vlees overdwars en schik het op de tomatensalade. Serveren met warme couscous. Voor 4 personen.

vers en snel

- Hak rijpe tomaten en rode ui fijn en schep om met verse oregano. Kruid met zeezout en versgemalen zwarte peper. Besprenkel met extra vergine olijfolie en schep op geroosterd zuurdesembrood. Maak af met een lepel zachte, jonge geitenkaas en een snufje paprikapoeder.
- Maak een bedje van spinazie en leg er geblancheerde groene asperges en fijngehakte geconfijte citroen* op. Verwarm een paar draadjes saffraan met 4 eetlepels boter tot de boter begint te schuimen en goudbruin wordt. Schep de hete boter over de asperges en serveer.
- Snij een paar uien in dunne ringen en bak met wat kaneelpoeder en olijfolie. Doe er, als de ui is gekarameliseerd, wat fijngehakte geconfijte citroen* en bladpeterselie bij. Serveer bij gebakken lamsfilets.
- Hak een paar tomaten grof en laat ze sudderen met kaneel en saffraan. Doe er een paar handen jonge spinazie bij en blijf koken tot de spinazie slap is. Kruid met zout en peper en spatel door gestoomde couscous.

Het prikkelende curryblad wordt doorgaans gebruikt om Indiase curry's smaak te geven.

kabeljauw met saffraan en kappertjes

cashewcurry

2 uien, gesnipperd
3 tenen knoflook, gehakt
stukje gember van 4 cm, gehakt
1 eetlepel olijfolie
2 theelepels kurkuma (koenjit)
1 pijpje kaneel
6 curryblaadjes
sap van 1 limoen
3 rode paprika's, in blokjes van 1 cm
250 g rauwe cashews
1 blik kokosmelk* (400ml)
2 grote rode pepers, zonder zaadjes en fijngehakt
2 handen verse koriander
gestoomde witte rijst

Meng ui, knoflook en gember in een keukenmachine tot een pasta. Verhit de olijfolie in een hapjespan met dikke bodem op halfhoog vuur en doe er de uienpasta in. Bak 5 minuten. Voeg kurkuma, kaneel, curryblaadjes en limoensap toe en kook 2-3 minuten. Doe er paprika en cashews bij. Roer om en giet er kokosmelk en 250 ml water bij. Laat 1 uur sudderen. Doe de curry in een ruime serveerschaal en strooi er rode peper en koriander over. Serveer met gestoomde witte rijst.
Voor 4 personen.

kabeljauw met saffraan en kappertjes

4 romatomaten, in dikke plakken
1 prei, schoongemaakt en in ringen
10 draadjes saffraan
1 eetlepel gezouten kappertjes*
250 ml witte wijn
4 kabeljauwfilets van 200 g
1 eetlepel boter
2 eetlepels kleine zwarte olijven
1 handvol bladpeterselie
gekookte aardappelen

Verwarm de oven voor op 180 °C. Leg intussen de tomaat op de bodem van een vuurvaste schaal op halfhoog vuur. Leg er de prei op en bestrooi met saffraan en kappertjes. Voeg de wijn toe en breng aan de kook. Draai het vuur lager en laat 10 minuten sudderen. Doe er de vis bij, een beetje zeezout, versgemalen zwarte peper en een klontje boter. Dek af en bak 15 minuten in de oven.

Haal uit de oven en leg de vis op warme borden. Schep er de saus over en garneer met olijven en peterselie. Geef er gekookte aardappelen bij. Voor 4 personen.

geroosterde groente met rouille

diverse groenten naar keuze (zoals pastinaak, ui, venkel, wortel, courgette, pompoen en zoete aardappel)
4 eetlepels olijfolie
1 dikke plak zuurdesembrood
10 draadjes saffraan
1 rode paprika, geroosterd en ontveld
$^1/_2$ theelepel paprikapoeder
1 teen knoflook
125 ml lichte olijfolie

Verwarm de oven voor op 200 °C. Kies je favoriete groenten om te roosteren en snij ze in flinke stukken. Doe ze in een ovenschaal en wrijf alles in met olijfolie. Dek af met aluminiumfolie en bak 1 uur.

Scheur voor de rouille het brood in stukken en doe het in een kom. Breng de saffraan in een steelpannetje aan de kook in 60 ml water en laat 1 minuut trekken. Week het brood in het warme saffraanwater en doe het in een keukenmachine, samen met paprika, paprika-poeder en knoflook. Draai tot een glad geheel en voeg er dan in een straaltje de lichte olijfolie aan toe.

Schik de groente op een serveerschaal met de rouille.
Voor 4 personen.

gebakken prei met zalm

3 preien, gewassen
4 lente-uitjes, schoongemaakt
10 draadjes saffraan
1 eetlepel gezouten kappertjes*
2 eetlepels boter
1 eetlepel olijfolie
4 zalmfilets van 150 g (met vel)
2 handen jonge spinazie

Verwarm de oven voor op 180 °C. Snij de prei en lente-ui in korte stukjes en doe deze met de saffraan, kappertjes, boter en 185 ml water in een ovenschaal. Dek af met aluminiumfolie en bak 1 uur. Verhit een koekenpan met antiaanbaklaag op hoog vuur en doe er de olijfolie in. Bak de zalm 2 minuten op het vel en draai om. Dek af, temper het vuur en bak nog 3 minuten. Verdeel de spinazie over vier borden. Leg er de zalm op en schep er de gebakken prei bij.

inktvissalade met saffraan en bieslook

300 g orecchiette* (of andere kleine pasta)
3 eetlepels citroensap
7 eetlepels extra vergine olijfolie
30 g bieslook, in stukjes van 1 cm geknipt
2 kleine rode pepers, zonder zaadjes en fijngehakt
2 eetlepels olijfolie
10 draadjes saffraan
1 grote rode ui, gesnipperd
6 pijlinktvisjes, schoongemaakt
1 handvol bladpeterselie, grof gehakt
2 handen rucola

Breng een pan gezouten water aan de kook en kook de orecchiette beetgaar. Giet af en zet weg. Meng citroensap, olijfolie, bieslook en pepers in een kom. Verhit een koekenpan met antiaanbaklaag op halfhoog vuur en doe er olijfolie en saffraan in. Voeg na 1 minuut de ui toe en bak deze zacht en glazig. Haal met een schuimspaan uit de pan en doe bij de dressing. Draai het vuur hoger en bak snel de inktvisjes – ze hebben maar een paar minuten aan elke kant nodig. Snij de inktvis in grove stukken en doe bij de dressing. Kruid met zeezout en versgemalen zwarte peper. Doe er de pasta bij en schep alles om. Doe in een grote schaal, samen met de peterselie en rucola. Voor 4 personen.

prei-, saffraan- en kikkererwtensoep

2 eetlepels boter
15 draadjes saffraan
3 preien, schoongemaakt en fijngesneden
schil van 1 citroen, in reepjes
1 wortel, geschild en geraspt
3 eetlepels grof gehakte bladpeterselie
1 liter kippenbouillon
1 blik kikkererwten (400 g), uitgelekt en afgespoeld

Verhit boter en saffraan in een ruime pan op halfhoog vuur. Doe er de prei bij zodra de boter begint te schuimen en bak tot de prei zacht en glazig is. Voeg citroenschil, wortel en peterselie toe, bak nog een minuut en doe er bouillon en kikkererwten bij. Breng aan de kook en laat dan 15 minuten sudderen. Voor 4 personen.

pikant lamsvlees met munt en saffraangroente

risoni met zeevruchten

200 g risoni*
2 eetlepels boter
12 draadjes saffraan
2 tenen knoflook, fijngehakt
1 blik gepelde tomaten (400 g), gehakt
500 ml witte wijn
12 grote, rauwe gamba's, gepeld, zonder darmkanaal en met staart
16 mosselen, afgespoeld
2 eetlepels fijngehakte geconfijte citroen*
1 handvol bladpeterselie

Breng een ruime pan gezouten water aan de kook. Kook de risoni beetgaar, giet af en zet apart. Verhit in een diepe, ruime koekenpan of een wok de boter, saffraan en knoflook tot de boter begint te schuimen. Voeg tomaten en witte wijn toe en sudder 2 minuten. Doe er risoni, gamba's en mosselen bij en leg een deksel op de pan. Sudder tot de mosselen open zijn en gooi dichte exemplaren weg. Haal van het vuur en verdeel over vier warme pastakommen. Garneer met geconfijte citroen en peterselie. Voor 4 personen.

saffraanpuree met geroosterde biet en paddestoelen

8 kleine rode bietjes
300 g gemengde paddestoelen (oesterzwammen, shii-take, champignons)
3 eetlepels extra vergine olijfolie
2 tenen knoflook, in dunne plakjes
8 takjes tijm
1 kg kruimige aardappelen, geschild en in stukken
125 ml melk
15 draadjes saffraan
100 g boter
4 eetlepels geroosterd pompoenzaad (pepita's)

Verwarm de oven voor op 200 °C. Doe de bietjes met 125 ml water in een ovenschaal. Dek af met folie en bak 1 uur of tot ze gaar zijn. Wrijf het vel van de gekookte bietjes, halveer ze en verpak ze in aluminiumfolie. Bak de paddestoelen in olijfolie, knoflook en tijm 30 minuten in een met folie afgedekte ovenschaal. Warm paddestoelen en bietjes voor het serveren nog even op in de oven. Kook de aardappelen in zout water. Verwarm melk, saffraan en boter in een steelpan tot de saffraan de melk begint te kleuren. Pureer de aardappelen en klop er de saffraan-melk door. Breng op smaak met zeezout. Snij de biet in vieren en serveer met puree en padde-stoelen. Bestrooi met pompoenzaad en tijm uit de ovenschaal. Voor 4 personen.

lamsvlees met saffraangroente

3 eetlepels olijfolie
2 eetlepels harissa (zie basisrecepten)
80 g munt, zonder steeltjes en fijngehakt
25 g verse koriander, fijngehakt
4 lamsracks
3 uien, in vieren
3 pastinaken, geschild en in blokjes
4 vastkokende aardappelen, geschild en in blokjes
600 g pompoen, geschild en in blokjes
2 theelepels suiker
1 theelepel geplet venkelzaad
20 zwarte olijven, ontpit
2 theelepels komijnpoeder
10 draadjes saffraan
3 eetlepels citroensap

Verwarm de oven voor op 220 °C. Meng 2 eetlepels olijfolie met harissa en kruiden en wrijf het vlees in. Kruid met zeezout en versgemalen zwarte peper. Doe de groente in een ovenschaal en schep om met de rest van de olie, suiker, venkelzaad, olijven, komijn, saffraan en citroensap. Dek af met aluminiumfolie, bak 30 minuten, draai de groente om en zet onbedekt terug. Schroei het lamsvlees in een koekenpan dicht en leg op de groente. Bak nog 20 minuten. Laat 2-3 minuten rusten, snij in koteletten en serveer met de groente. Voor 4 personen.

vers en snel

- Bak gesnipperde lente-ui in boter met wat draadjes saffraan. Doe er gepelde rauwe gamba's bij en bak tot ze roze zijn en opkrullen. Haal de gamba's uit de pan en voeg een blik tomatenblokjes toe. Kruid met zeezout en versgemalen zwarte peper en laat een paar minuten sudderen. Doe de gamba's terug in de pan en serveer met gestoomde rijst.
- Vierendeel shii-takes en bak ze met wat boter en fijngesneden pancetta. Doe er een scheutje rode wijn bij en serveer bij couscous met boter.
- Snij pompoen in blokken en bestrooi die met zeezout, zwarte peper en wat kaneelpoeder. Bak goudbruin in een oven van 210 °C en laat afkoelen. Schik de pompoen op een schaal met gemengde sla en gehalveerde kerstomaatjes. Besprenkel met wat lichte zure room en bestrooi met geroosterd pompoenzaad (pepita's).

saffraanpuree met geroosterde biet en paddestoelen

hemels

Met suiker en specerijen maak je de meest hemelse desserts. Een mooie vijg gemarineerd in zoete wijn of zomerse, rijpe perziken met vanille. Simpel en onweerstaanbaar. Maar er is nog veel meer mogelijk met de zoete kant van specerijen, als je maar durft. Combineer bijvoorbeeld komijn met suiker en limoen om een eenvoudig koekje een verrassende Midden-Oosterse draai te geven. Of speel met het subtiele parfum van rozenwater bij mooi chocoladegebak en verander een rijstpuddinkje van alledaags in buitengewoon met wat verse pistache. Ga aan de slag met de bedwelmende geuren van zwarte vanillestokjes en aromatische kardemom. Echt, toetjes zullen nooit meer hetzelfde zijn. Feels like heaven...

rabarber fool

400 g rabarber
2 eetlepels suiker
sap van 2 sinaasappels
115 g bruine basterd
300 ml geklopte slagroom

Maak de rabarber schoon en snij in stukjes van 2 cm. Doe deze met suiker en sinaasappelsap in een steelpan op laag vuur. Dek af en laat 15 minuten sudderen. Haal van het vuur en laat afkoelen. Schep wat rabarber op de bodem van vier glazen serveerschaaltjes. Bestrooi met bruine basterd en schep daar de slagroom op. Lepel hier nog een laag rabarber over en bestrooi lichtjes met wat bruine basterd. Serveer met kardemom-amandelbrood (zie basisrecepten). Voor 4 personen.

rozige rijstpudding

500 ml melk
50 g kristalsuiker
4 theelepels fijngeraspte sinaasappelschil
75 g pap- of kleefrijst
125 ml geklopte slagroom
2 theelepels rozenwater
150 g frambozen
60 g rauwe pistache, gehakt

Breng de melk met suiker, sinaasappelrasp en een snufje zout aan de kook in een steelpan. Voeg de rijst toe, temper het vuur en laat 30 minuten, onder af en toe roeren, zachtjes sudderen. Laat afkoelen als de rijst klaar is en spatel er dan de slagroom en het rozenwater door.

Schep de pudding in serveerschaaltjes en maak af met frambozen en pistache. Serveer de pudding voor een winters toetje met 'toffee apples' (zie basisrecepten) en wat citroenrasp. Voor 6 personen.

in vanille gepocheerde witte perziken met munt

450 g suiker
2 vanillestokjes, in de lengte gehalveerd
6 rijpe witte perziken, gehalveerd
1 eetlepel citroensap
20 muntblaadjes
vanilleijs (zie basisrecepten)

Doe suiker en vanillestokjes in een ruime steelpan met 1 liter water. Breng aan de kook en laat een paar minuten sudderen. Leg de perziken in de siroop met het vel naar boven en kook 2 minuten. Draai de perziken met een grote lepel voorzichtig om en kook nog een paar minuten. Afhankelijk van de grootte van de perziken zal dit in porties moeten gebeuren. Test met de punt van een scherp mes of de perziken gaar zijn. Ze moeten nog stevig zijn, maar weinig weerstand bieden aan het mes. Haal ze eruit met een schuimspaan en doe ze in een ruime schaal. Laat de siroop nog een paar minuten inkoken. Haal het vel van de perziken, giet de siroop erover en laat afkoelen. Voeg citroensap en munt toe als de siroop is afgekoeld. Serveer met vanilleijs. Voor 6 personen.

vers en snel

- Bak stukjes rabarber in de oven met sinaasappelsap, bruine suiker en wat gemberpoeder. Leg op een bord en schep er chocoladeijs (zie basisrecepten) over.
- Voor een stukje zomer in de winter sudder je bevroren frambozen met wat suiker en een pijpje kaneel. Zeef de frambozen als ze voor de helft zijn ingekookt boven een schaal. Doe rijstpudding in vormpjes en keer die om op dessertbordjes. Schep er de dikke en kruidige frambozensaus over.
- Leg rauwe pistache op een bakplaat en bestrooi met bruine suiker. Rooster een paar minuten in een oven van 210 °C. Haal uit de oven en hak grof als de noten zijn afgekoeld. Strooi met wat geraspte pure chocola over pannenkoeken (zie basis-recepten) of plakjes nectarine en serveer met dikke room.
- Leg gehalveerde en ontpitte perziken op een bakplaat. Meng wat zachte boter met fijngehakte, geglaceerde gember en bruine suiker. Doe wat in het midden van elke perzik en gril een paar minuten tot de boter borrelt en goudbruin is. Serveer met vanilleijs (zie basisrecepten).

in vanille gepocheerde witte perziken met munt

appel- en bramenfantasie

250 g bloem
8 eetlepels fijne tafelsuiker of witte basterd
1 eetlepel bakpoeder
100 g boter
1 ei
80 ml melk
6 zoetzure appels, zonder klokhuis en in achten verdeeld
300 g bevroren bramen
2 eetlepels citroensap
2 theelepels kaneel
slagroom

Verwarm de oven voor op 210 °C. Meng bloem, 1 eetlepel suiker, bakpoeder en een snufje zout in een kom. Snij de boter in blokjes en wrijf die met de vingers door de bloem tot het mengsel op broodkruim lijkt. Klop ei en melk en roer losjes door het bloemmengsel. Leg het deeg op een bebloemd oppervlak en kneed het even door.

Meng appels, bramen, 4 eetlepels suiker, citroensap en kaneel en doe alles in een diepe ovenschaal. Breek stukjes deeg af en strooi ze over het fruit tot alles min of meer bedekt is. Bestrooi met de rest van de suiker en bak 40 minuten. Serveer met slagroom. Voor 6-8 personen.

citrussirooptaart

250 g boter
250 g fijne tafelsuiker of witte basterd
4 eieren
100 g yoghurt
rasp en sap van 2 citroenen
rasp en sap van 2 sinaasappelen
rasp en sap van 2 limoenen
250 g zelfrijzend bakmeel
220 g kristalsuiker
slagroom

Verwarm de oven voor op 180 °C. Bedek een springvorm van 24 cm met bakpapier. Meng boter en suiker tot een romig geheel en spatel er eieren, yoghurt en citrusrasp door. Zeef de bloem en spatel het lichtjes door het beslag. Schep het beslag in de springvorm. Bak 45 minuten of tot de taart goudbruin is en een prikker of breinaald er na het prikken schoon uitkomt. Doe intussen het citrussap in een steelpannetje en voeg de kristalsuiker toe. Breng aan de kook en roer tot de suiker is opgelost. Haal van het vuur.

Haal de gare taart uit de oven en prik gaatjes in de gehele bovenkant. Giet de helft van de siroop erover. Laat afkoelen en serveer met de rest van de siroop en slagroom. Voor 10 personen.

amandel- en pijnboompittentaart

2 eetlepels boter
2 mandarijnen
250 g rauwe amandelen
300 g fijne tafelsuiker of witte basterd
1 theelepel kaneel
8 eiwitten
85 g bloem, gezeefd
5 eetlepels pijnboompitten
3 eetlepels dessertwijn of Grand Marnier
poedersuiker
mandarijnsalade (zie basisrecepten)
slagroom

Verwarm de oven voor op 180 °C. Vet een springvorm van 20 cm in met boter. Schil een mandarijn en hak met een scherp mes de schil fijn. Doe 3 eetlepels schil in een keukenmachine. Voeg amandelen, suiker en kaneel toe en draai glad. Klop de eiwitten met een snufje zout stijf. Spatel het amandelmengsel door het eiwit en doe er dan de bloem bij. Schep het beslag in de vorm en bestrooi met pijnboompitten. Bak 1 uur of tot een prikker of breinaald er na het prikken schoon uitkomt. Laat voor het serveren afkoelen.Giet de dessertwijn of Grand Marnier over de taart en bestrooi met poedersuiker. Serveer met mandarijnsalade en slagroom.

passievruchtencurd met pistachebiscotti

5 passievruchten
40 g boter
40 g fijne tafelsuiker of witte basterd
1 ei
1 dooier
4 theelepels limoensap
80 ml geklopte slagroom
pistachebiscotti (zie basisrecepten)

Haal de pulp uit 3 van de passievruchten en werk het door een fijne zeef. Gooi de in de zeef achterblijvende pulp weg. Doe het sap in een kom met het ongezeefde pulp van de andere vruchten. Smelt de boter in een steelpannetje op laag vuur. Voeg suiker, passievrucht, ei en dooier toe. Klop op halfhoog vuur tot het mengsel dik en net tegen de kook aan is. Haal van het vuur, roer er het limoensap door en zet in de koelkast als het is afgekoeld. Spatel er net voor het serveren de slagroom door en geef er pistachebiscotti bij. Voor 4-6 personen.

chili- en vanillesiroop met verse mango

tamarinde-gemberijs met rode papaja

chili- en vanillesiroop met verse mango

220 g suiker
1 vanillestokje, in de lengte gehalveerd
1 grote rode peper, zonder zaadjes en fijngehakt
sap van 1 limoen
3 mango's, geschild en in repen gesneden
limoensorbet (zie basisrecepten)

Doe suiker, vanille en rode peper in een steelpan met 500 ml water. Breng aan de kook, temper het vuur en laat 15 minuten sudderen. Laat afkoelen en roer er het limoensap door.

Verdeel de mango over vier gekoelde kommen en schep er een bolletje limoensorbet over. Besprenkel met de chilisiroop en dien meteen op. Voor 4 personen.

tamarinde-gemberijs met rode papaja

4 dooiers
145 g fijne tafelsuiker of witte basterd
250 ml melk
100 g tamarindepulp
300 ml room
100 g fijngesneden gember op siroop
2 kleine, rijpe rode papaja's, gehalveerd, zonder zaadjes en geschild

Klop dooiers en suiker door elkaar tot het volume is verdubbeld. Breng de melk aan de kook in een steelpan en giet, als hij begint te schuimen, bij het eimengsel. Klop door elkaar en doe terug in de pan op laag vuur. Roer tot het mengsel dik wordt en blijft hangen aan de achterkant van een houten lepel. Haal van het vuur en zeef boven een koude kom. Roer er tamarindepulp, room en gember door.

Laat afkoelen en giet dan in een ijsmachine. Volg de gebruiksaanwijzing. Als je geen ijsmachine hebt, giet dan het mengsel in een kleine metalen kom en zet die in de vriezer. Haal het mengsel om de paar uur uit de vriezer en klop het door. Hierdoor worden eventuele ijskristallen weer gebroken. Serveer een bol ijs in elke papajahelft. Voor 4 personen.

nectarine- en hazelnoottorte

115 g fijne tafelsuiker of witte basterd
1 pijpje kaneel
1 vanillestokje, in de lengte gehalveerd
9 nectarines, in kwarten
4 eieren
80 g poedersuiker
50 g bloem
3 eetlepels fijngemalen hazelnoten
30 g boter, gesmolten
slagroom

Verwarm de oven voor op 180 °C. Doe suiker, kaneel en vanille in een steelpan en voeg 250 ml water toe. Breng aan de kook, temper het vuur en laat 5 minuten trekken. Doe de nectarines erbij en kook 3 minuten. Haal ze er met een schuimspaan uit en zet ze weg in een kom. Kook de siroop tot de helft in en giet hem dan over de nectarines. Laat afkoelen. Doe eieren en poedersuiker in een vuurvaste schaal boven een steelpan kokend water. Zorg dat de schaal het water niet raakt. Klop tot het mengsel net warm is en haal van het vuur. Klop het op tot drie keer het volume. Spatel er bloem, fijngemalen hazelnoot en boter door. Schep in een ingevette cakevorm van 24 x 34 cm. Bak 20 minuten. Keer om op een vlak oppervlak, snij er grote vierkanten van en leg die op dessertbordjes. Leg de nectarines op de cake. Schep er slagroom op en besprenkel met de siroop. Voor 6 personen.

vers en snel

- Meng voor een heerlijke zomerse fruitsalade blokjes rode papaja en gele perzik met passievrucht en limoensap. Eventueel zoet maken met wat palmsuiker. Serveer met limoensorbet (zie basisrecepten).
- Pocheer nectarines in een lichte siroop met kaneel, kardemom en steranijs. Serveer met karamelijs.
- Snij een mango in kleine blokjes en doe die in een kom met plakjes aardbei en gehalveerde blauwe bessen. Knip wat munt fijn en doe dit bij de fruitsalsa. Schep over limoensorbet (zie basisrecepten) .
- Rooster lichtjes hazelnoten, wrijf er het bittere, donkere vel af en hak ze grof. Snij wat stukken Turks fruit in stukjes en doe die in een kom met de hazelnoot. Roer er zacht chocoladeijs (zie basisrecepten) door. Vries het ijs weer in en serveer met verse aardbeien.

nectarine- en hazelnoottorte

noten-chocolademerengues met room en zomerfruit

Van glanzende paarse blauwe bessen tot weelderige rijpe frambozen: alles wat ze nodig hebben is een beetje suiker.

frambozensorbet met aardbeien

noten-chocolademerengues met room en bessen

3 eiwitten
200 g fijne tafelsuiker of witte basterd
2 eetlepels cacaopoeder
2 eetlepels fijngemalen hazelnoten
50 g amandelschaafsel
150 ml slagroom, geklopt
500 g gemengd fruit (aardbeien, frambozen, blauwe bessen)

Verwarm de oven voor op 150 °C. Bekleed een groot bakblik met bakpapier. Klop de eiwitten stijf, voeg langzaam suiker toe en blijf kloppen tot het mengsel wit en glanzend is. Spatel er cacaopoeder en fijngemalen hazelnoot door en schep de merengue in zes grote klodders in het blik. Maak met de achterkant van een lepel een kuiltje in elke merengue. Bestrooi met de amandelen en bak 45 minuten. Zet de oven uit, maar laat de merengues afkoelen in de oven, met de deur open. Doe ze tot gebruik in luchtdichte verpakking. Serveer met slagroom en fruit erop. Voor 6 personen.

frambozensorbet met aardbeien

150 g frambozen
2 theelepels citroensap
115 g fijne tafelsuiker of witte basterd
1 eiwit
500 g aardbeien
1 eetlepel poedersuiker

Klop frambozen, citroensap, suiker en eiwit 10 minuten met een mixer of tot het mengsel licht en luchtig is en drie keer in omvang is toegenomen. Schep in een bewaardoos en zet die een aantal uren of een nacht in de vriezer tot het bevroren is. Maak vlak voor het serveren de aardbeien schoon en halveer ze, maar hou er een paar achter om te garneren. Bestrooi de aardbeihelften met de poedersuiker en schep ze even om. Zet ze 5 minuten weg en serveer dan met een bol bevroren frambozensorbet. Voor 4-6 personen.

vijgen in sauternes met crème fraîche-parfait

gekruide yoghurt met vers fruit

kweeperen met kaneel en sinaasappelmascarpone

vijgen in sauternes met crème fraîche-parfait

12 verse vijgen, gehalveerd
400 ml sauternes (of andere zoete witte dessertwijn)
2 theelepels honing
5 dooiers
125 g fijne tafelsuiker of witte basterd
2 theelepels natuurlijk vanille-extract
500 ml crème fraîche

Leg de vijgen in een kom en doe er de dessertwijn en de honing bij. Dek af en zet 12 uur of een nacht in de koelkast.

Klop eieren, suiker en vanille-extract tot het mengsel dik en erg bleek is. Spatel er de crème fraîche door en schep alles in een met bakpapier bekleed bakblik van 8 bij 22 cm. Vries in tot het stijf is. Snij de parfait in 6 dikke stukken en serveer op gekoelde borden met de gehalveerde vijgen en een lepel dessertwijn.
Voor 6 personen.

gekruide yoghurt met vers fruit

2 pijpjes kaneel
2 stukjes steranijs*
2 kruidnagels
2 vanillestokjes, in de lengte gehalveerd
2 kardemompeulen, in de lengte gehalveerd
250 ml room
1 eetlepel suiker
300 g yoghurt (stand)
vers fruit

Doe kaneel, steranijs, kruidnagel, vanillestokjes, kardemom en room in een steelpan op laag vuur. Laat 30 minuten sudderen. Haal van het vuur, giet door een zeef, roer er suiker door en laat dan afkoelen. Spatel de gekruide room door de yoghurt en giet over vers fruit of salades, zoals de granaatappel- en vijgensalade of de Midden-Oosterse fruitsalade (zie basisrecepten).
Voor 6 personen.

kweeperen met kaneel en sinaasappelmascarpone

3 kweeperen
185 ml rode wijn
125 ml vers sinaasappelsap
4 eetlepels bruine suiker
1 pijpje kaneel
sinaasappelmascarpone (zie basisrecepten)

Verwarm de oven voor op 180 °C. Schil de kweeperen en haal het klokhuis eruit. Leg ze in een bakblik en doe er rode wijn, sinaasappelsap, suiker en kaneel bij. Giet er 250 ml water bij en dek af met folie. Bak 2 uur. Haal het folie eraf en draai de kweepeer om zodat hij goed is bedekt met vocht. Zet weer in de oven en bak nog een uur of tot het vocht is gereduceerd tot siroop.

Verdeel over vier borden en serveer met een lepel sinaasappelmascarpone en wat kweeperensiroop. Geef, voor een steviger winterdessert, plakken kruidkoek bij de kweepeer.
Voor 4 personen.

vers en snel

- Marineer plakken witte perzik in dessertwijn met een snufje gemalen kruidnagel. Serveer met dikke, romige custard (zie basisrecepten) of zoete mascarpone.
- Halveer wat vijgen en strooi er fijngeraspte gember en een beetje kaneel over. Besprenkel met esdoornsiroop en bak 10 minuten in een oven van 210 °C. Serveer met vanilleijs en amandelbrood.
- Roer kweeperenpuree (zie basisrecepten) door jonge geitenkaas met een scheutje Grand Marnier. Schep op een bord en strooi er amandelschaafsel over. Serveer bij verse bessen, aardbeien of plakjes nectarines.
- Schep dikke plakjes banaan om met wat limoensap en kaneel of citroen en Cointreau-siroop en serveer met de gekruide yoghurt.

Het is onmogelijk niet verleid te worden door de zwoele smaken van pure chocolade, vanille en kardemom.

chocoladepasteitjes

300 ml room

200 g pure chocolade, grof gehakt

1 theelepel natuurlijk vanille-extract

1 theelepel gemalen kardemom

1 ei

Doe de chocolade in de room en laat hem, onder af en toe roeren, au bain marie of op laag vuur smelten. Doe er een snufje zout, vanille en kardemom bij en klop er dan het ei door. Blijf kloppen op zacht vuur tot alles glad is. Giet het mengsel in zes bakjes van 125 ml en zet 3 uur in de koelkast. Serveer met verse bessen of frambozen en chocoladewafels. Voor 6 personen.

chocoladewafels

50 g fijne tafelsuiker of witte basterd

50 g boter, op kamertemperatuur

2 eiwitten

40 g bloem

10 g cacaopoeder

Verwarm de oven voor op 180 °C. Klop suiker en boter licht en romig. Voeg langzaam eiwit toe en daarna bloem en cacaopoeder. Zet 1 uur in de koelkast.

Bekleed een bakplaat met bakpapier en spreid met de achterkant van een lepel 1 eetlepel van het mengsel in een dunne cirkel van 10 cm. Herhaal en laat een beetje ruimte tussen de wafels. Bak 15 minuten. Haal uit de oven en maak de wafels voorzichtig los met een spatel. Laat afkoelen op een rek. Voor 12 stuks.

komijn- en limoenkoekjes

6 eetlepels boter

150 g fijne tafelsuiker of witte basterd

2 theelepels komijnpoeder

2 theelepels natuurlijk vanille-extract

2 eetlepels limoensap plus de geraspte schil van 1 limoen

1 ei

150 g bloem

2 theelepels bakpoeder

opgeklopte slagroom

vers fruit

Verwarm de oven voor op 180 °C. Klop boter en suiker romig en spatel er komijn, vanille, limoensap en -rasp en ei door. Zeef bloem en bakpoeder en meng. Schep het beslag op een met bakpapier beklede bakplaat (neem 1 bolle eetlepel per koekje). Bak 12 minuten of tot ze goudbruin zijn en laat afkoelen op een rek.

Serveer met slagroom en plakjes rijp fruit, zoals vijgen, nectarines en perziken. Voor 20 grote koekjes.

limoensirooppuddinkjes

4 eetlepels schenkstroop
3 eetlepels limoensap
rasp van 1 limoen
2 eieren, dooier en wit gesplitst
125 g boter
115 g bruine basterd
2 theelepels natuurlijk vanille-extract
150 g bloem
3 theelepels gemberpoeder
3 theelepels bakpoeder
125 ml melk
schenkroom

Verwarm de oven voor op 180 °C. Vet 6 soufflébakjes van 150 ml in. Meng stroop, limoensap en -rasp in een kommetje. Verdeel het mengsel over de vormpjes. Klop de eiwitten stijf en zet apart. Klop boter en suiker romig en voeg dooier en vanille toe. Spatel bloem, gember en bakpoeder erdoor en dan de melk. Spatel het eiwit er luchtig door, schep in de bakjes en dek af met rondjes bakpapier. Zet de bakjes in een ovenschaal en vul die tot halverwege de hoogte van de bakjes met water. Bak 40 minuten of tot de puddinkjes gaar zijn. Draai ze om op zes bordjes en besprenkel met room. Voor 6 personen.

gelatinepuddinkjes met pruimen en kaneel

6 opalpruimen
225 g fijne tafelsuiker of witte basterd
1 pijpje kaneel
1 vanillestokje, in de lengte gehalveerd
sap van 1-2 sinaasappels
6 blaadjes gelatine
schenkroom

Breng pruimen, suiker, kaneel en vanille aan de kook in 750 ml water en temper het vuur. Laat 30 minuten sudderen. Haal van het vuur en giet de pruimensiroop af door een zeer fijne zeef of kaasdoek. Giet de siroop in een maatbeker en voeg sinaasappelsap toe tot je 600 ml hebt. Week de blaadjes gelatine 10-15 minuten in een ruime kom koud water of tot ze erg zacht zijn. Doe de siroop weer in de pan en zet op laag vuur tot de siroop warm is. Knijp de gelatine uit en voeg bij de siroop. Giet in zes vormpjes van 100 ml en zet een paar uur of een nacht in de koelkast tot ze stijf zijn. Serveer met een scheutje room. Voor 6 personen.

chocolade-marquise

100 g pure chocolade
50 g boter, op kamertemperatuur
50 g fijne tafelsuiker of witte basterd
2 eetlepels cacaopoeder
2 dooiers
2 theelepels rozenwater
150 ml room
150 g frambozen
6 witte nectarines, in partjes
45 g amandelschaafsel, geroosterd
poedersuiker

Smelt de chocolade in een hittebestendige kom boven een steelpan kokend water en pas op dat de bodem het water niet raakt. Klop de boter met de helft van de suiker luchtig. Meng met de cacao. Klop de dooiers met de rest van de suiker tot een bleek en glad geheel en voeg dan het rozenwater toe. Klop de slagroom stijf. Meng de gesmolten chocolade met het botermengsel en spatel er vervolgens het eimengsel en dan de slagroom door. Schep in een met bakpapier beklede cakevorm en laat 3 uur afkoelen of tot het is opgesteven.

Haal de marquise uit de vorm en snij in plakken. Serveer met frambozen, witte nectarine, geroosterd amandelschaafsel en stuif er poedersuiker over.

vers en snel

- Vul vormpjes van zoet kruimeldeeg (zie basisrecepten) met mascarpone en leg er wat gesuikerde bessen of aardbeien op. Besprenkel met een zoete likeur of een siroop van rozenwater en kardemom en serveer meteen.
- Stoof pruimen in rode wijn tot ze net zacht zijn. Haal ze eruit met een schuimspaan en serveer met dikke yoghurt, een scheutje honing en een siroop van rozenwater en kardemom.
- Vierendeel en ontpit pruimen en leg ze op de bodem van een ovenschaal. Bestrooi met suiker, gemberpoeder en kaneel. Meng 125 g bloem, 90 g kokosrasp en wat boter tot zich kruimels vormen. Strooi over de pruimen en bak in een oven van 180 °C tot alles goudbruin is. Serveer met dikke room.
- Het eenvoudigste toetje ter wereld? Een groot bord met hele aardbeien en een flink tablet melkchocolade.

gelatinepuddinkjes met pruimen en kaneel

basisrecepten

citroenmayonaise

2 dooiers
rasp en sap van 1 citroen
250 ml olie
zeezout

Klop dooiers, citroenrasp en -sap samen in een ruime kom. Giet er al kloppend langzaam de olie bij tot het mengsel dik wordt en blijf kloppen tot het dik en romig is. Breng op smaak met zout. Voeg voor de juiste consistentie eventueel wat water toe als het mengsel erg dik is.

geroosterde zoete aardappel

3 grote zoete aardappelen
3 eetlepels olijfolie
zeezout

Verwarm de oven voor op 180 °C. Schil de zoete aardappel en snij in stukken. Schep om in olie en kruid met veel zeezout en wat versgemalen zwarte peper.

Leg de aardappelen in één laag op een bakplaat en rooster ze 30 minuten of tot ze bruin en gaar zijn. Voor 4 personen.

basis vinaigrette

2 eetlepels azijn
125 ml olijfolie
1 theelepel Dijon mosterd

Meng alle ingrediënten en voeg zout en peper toe naar smaak. Bij deze vinaigrette kun je gemakkelijk andere smaken toevoegen als tijm, basilicum of rozemarijn. De azijn kan vervangen worden door citroensap.

tapenade

75 g ontpitte zwarte olijven
1 teen knoflook
15 g grof gehakte bladpeterselie
10 basilicumblaadjes
2 ansjovisfilets
2 theelepels kappertjes*
125 ml olijfolie

Doe alle ingrediënten, behalve de olie, in een blender of keukenmachine en mix tot een grove pasta. Voeg er in een straaltje de olie bij tot de gewenste dikte. Breng op smaak met versgemalen zwarte peper.

pesto

150 g basilicum, zonder steeltjes
140 g bladpeterselie, grof gehakt
100 g geraspte parmezaan
1 teen knoflook
80 g pijnboompitten, geroosterd
170 ml olijfolie

Meng basilicum, peterselie, parmezaan, knoflook en pijnboompitten tot een dikke pasta in een keukenmachine of gebruik een vijzel.

Voeg de olie toe in een dunne straal tot het geheel lepelbaar is.

Doe de pesto ter conservering in een gesteriliseerde pot en giet er een laagje olijfolie over. Zo wordt de pesto afgesloten van lucht en wordt de bovenkant niet bruin. In de koelkast twee weken houdbaar.

croutons

6 dik gesneden witte boterhammen
125 ml olie

Verwijder de korst van het brood en snij het in blokjes. Verhit de olie in een koekenpan tot het oppervlak gaat glinsteren. Voeg de blokjes toe en temper het vuur. Schep of schud het brood om tot de blokjes goudbruin zijn.

Haal de croutons met een schuimspaan uit de pan en laat uitlekken op keukenpapier. Kruid met zeezout en versgemalen zwarte peper.

tomatensaus

6 romatomaten
10 basilicumblaadjes
2 theelepels suiker
1 teen knoflook
2 eetlepels extra vergine olijfolie
2 theelepels balsamicoazijn*

Verwarm de oven voor op 200 °C. Doe de tomaten in een ovenschaal en rooster ze in de oven tot het vel begint te blakeren.

Doe de tomaten in een keukenmachine of blender, samen met basilicum, suiker, knoflook, olijfolie en azijn. Draai tot een dikke saus en verdun eventueel met wat warm water. Twee tot drie dagen houdbaar in de koelkast.

kruimeldeeg

200 g bloem
100 g gekoelde boter
snufje zout

Draai bloem, boter en zout 1 minuut in een keukenmachine. Voeg 2 eetlepels gekoeld water toe en draai verder tot het mengsel samenklontert. Verpak het deeg in plasticfolie en leg 30 minuten in de koelkast.

Rol het deeg zo dun mogelijk uit* en bedek er een ingevette bakvorm van 25 cm of zes vormpjes van 8 cm doorsnee mee. Zet weer 30 minuten in de koelkast. Prik gaatjes in de bodem, leg er bakpapier op en vul met rijst of bakbonen.
Zet de vorm 10-15 minuten in een voorverwarmde oven van 180 °C of tot het deeg er gaar en droog uitziet. Haal uit de oven en laat afkoelen. Voor 1 taartbodem**.

* De eenvoudigste manier is het deeg uitrollen tussen twee lagen plasticfolie.

** Bodems die niet meteen worden gebruikt, kunnen enkele weken worden bewaard in de vriezer. Doe de bodem meteen uit de vriezer in een voorverwarmde oven (ontdooien is niet nodig).

tamarindewater

100 g tamarindepulp*

Doe de tamarindepulp in een kom en schenk er 500 ml kokend water over. Laat, onder af en toe roeren om de vezels te breken, 1 uur trekken en giet af.

botercouscous

200 g instant couscous
2 eetlepels boter

Breng 250 ml water aan de kook in een steelpan en doe er de couscous in. Haal de pan van het vuur, voeg de boter toe en laat 10 minuten staan.

Maak de couscous los met een vork en kruid goed met zout en zwarte peper. Voor 4 personen.

basispolenta

350 g polenta
100 g boter, in blokjes
100 g geraspte parmezaan

Breng in een ruime pan 2 liter water aan de kook met 1 theelepel zeezout. Temper het vuur, voeg er geleidelijk de polenta bij en roer alles glad met een garde. Laat de polenta, onder af en toe roeren, op laag vuur een half uur koken. Hij is gaar als hij los begint te komen van de zijkant van de pan. Roer er boter en parmezaan door en dien meteen op. Kruid met zeezout en versgemalen zwarte peper.

rouille

1 dikke plak zuurdesembrood
plukje saffraan
1 rode paprika, geroosterd en ontveld
$^1/_2$ theelepel paprikapoeder
2 tenen knoflook
125 ml lichte olijfolie

Scheur het brood in stukken en doe het in een kom. Breng de draadjes saffraan aan de kook in 60 ml water en laat 1 minuut trekken. Giet het warme saffraanwater over het brood.

Laat het brood weken in het water en meng het dan in een keukenmachine of blender, samen met paprika, paprikapoeder en knoflook, tot een glad geheel. Voeg dan in een straaltje de olijfolie toe voor een stevige consistentie. Breng op smaak met zout.

aardappelpuree

4 grote, bloemige aardappelen, geschild
2 eetlepels melk
2 eetlepels boter

Snij de aardappelen in stukken en laat ze zachtjes 15 minuten koken of tot ze gaar zijn. Giet af, doe ze terug in de pan met melk en boter en pureer ze tot alles glad is. Kruid met zout en peper.
Voor 4 personen.

pizzadeeg

7 g gedroogde gist
2 theelepels fijne tafelsuiker of witte basterd
250 g bloem
1 geklopt ei
50 ml melk
1 eetlepel olijfolie

Doe gist en suiker met 75 ml warm water in een kommetje en roer. Zet 10-15 minuten weg of tot er zich schuim op vormt. Zeef de bloem en maak een kuiltje in het midden. Voeg ei, melk en 2 theelepels zout toe. Giet er het gistmengsel bij en werk de ingrediënten door elkaar tot een stevig deeg. Leg dit op een bebloemd oppervlak en kneed tot het zacht en elastisch is. Vet een kom in met wat olijfolie en leg er het deeg in. Wrijf de rest van de olie over het deeg, dek het af met een vochtige doek en laat het op een warme plek rijzen. Het deeg moet in 2-3 uur tijd in omvang verdubbelen.

currykruidenbasis

2 theelepels komijnzaad
2 theelepels korianderzaad
2 theelepels mosterdzaad
1/2 theelepel venkelzaad
1/2 pijpje kaneel
1 theelepel zwartepeperkorrels
2 theelepels kurkuma (koenjit)

Rooster komijn en koriander tot ze geur afgeven en maal alle specerijen in een specerij- of koffiemolen (of een vijzel) tot een fijn poeder.

tomatenrijst

1 eetlepel sesamolie
1 ui, gesnipperd
1 teen knoflook, gehakt
3 rijpe tomaten, in blokjes
200 g basmatirijst

Verhit de sesamolie in een ruime steelpan op halfhoog vuur. Voeg ui en knoflook toe en bak tot de ui zacht en transparant is. Doe er tomaten, rijst en 1 theelepel zeezout bij, roer een minuut door en voeg 375 ml water toe. Breng de rijst aan de kook, leg een deksel op de pan en draai het vuur laag. Laat 20 minuten koken en haal dan van het vuur.

currysaus

60 g boter
1 rode ui, gesnipperd
1 teen knoflook, gehakt
4 theelepels versgeraspte gember
2 theelepels kurkuma (koenjit)
2 theelepels komijnpoeder
10 draadjes saffraan
1 eetlepel tomatenpuree
250 ml witte wijn

Verhit de boter in een koekenpan met dikke bodem en bak ui, knoflook en gember tot de ui zacht en transparant is. Doe er alle specerijen bij en bak nog een minuut. Voeg tomatenpuree en witte wijn toe en laat zachtjes voor de helft inkoken. Heerlijk bij gegrild vlees.

aïoli

2 dooiers
2 grote tenen knoflook, in pulp
300 ml olijfolie
sap van 1 citroen
1/2 theelepel witte peper

Klop dooiers en knoflook door elkaar met wat zeezout. Schenk de olie er, onder voortdurend kloppen, eerst in een dun straaltje bij. Voeg wat citroensap toe en ga door met de rest van de olie. Meng de rest van het citroensap erdoor en breng op smaak met witte peper en wat zeezout.

tahinsaus

135 g tahin*
sap van 1 citroen
2 eetlepels yoghurt
1 theelepel komijnpoeder

Meng de tahin met citroensap, yoghurt, komijn en 3 eetlepels water. Serveer als dressing bij vis, kip of gekruide salades.

mierikswortel-gremolata

3 eetlepels fijngehakte bladpeterselie
1 eetlepel citroenrasp
1 eetlepel fijngeraspte verse mierikswortel

Meng alle ingrediënten en strooi vlak voor het serveren over ossobucco of gebakken lamsfilet.

Vietnamese dipsaus (nuoc cham)

1 eetlepel suiker
$1^1/_2$ eetlepel vissaus*
2 eetlepels limoensap
$^1/_2$ teen knoflook, fijngehakt
1 kleine rode peper, zonder zaadjes en fijngehakt

Los de suiker op in 2 eetlepels heet water. Voeg de andere ingrediënten toe en roer goed door. Laat afkoelen en serveer bij viskoekjes, verse loempiaatjes of sprenkel over gegrilde vis.

harissa

2 rode paprika's
2 rode pepers
2 tenen knoflook
1 eetlepel komijnzaad, geroosterd en gemalen
1 eetlepel korianderzaad, geroosterd en gemalen
30 g verse koriander
1 eetlepel granaatappelsiroop
$2^1/_2$ eetlepels olijfolie

Verwarm de oven voor op 210 °C. Doe de paprika's in een ovenschaal tot het vel is geblakerd. Haal uit de oven en laat afkoelen. Verwijder dan vel en zaadjes en doe het vlees in een keukenmachine, samen met rode peper, knoflook, komijn, koriander, granaatappelsiroop en 2 theelepels zeezout. Meng tot puree, voeg de olie toe en meng opnieuw.

* In Marokkaanse en Turkse winkels is ook kant-en-klare harissa verkrijgbaar, in blikjes of tubes.

sesamcrackers

1 ei
80 g sesamzaad
250 ml arachideolie
8 wontonvellen*

Klop het ei los met 1 eetlepel water. Verhit de olie in een frituurpan of wok op hoog vuur. Borstel ei over een van de vellen en besprenkel met sesamzaad. Doe het wontonvel, als de olie heet is, in de pan en bak 30 seconden of tot het opgeblazen en goudbruin is. Haal uit de pan en laat uitlekken op keukenpapier. Doe hetzelfde met de andere vellen.

groentebouillon

2 uien, grof gehakt
2 preien, in ringen
2 eetlepels olijfolie
3 wortelen, in plakjes
3 stengels bleekselderie, in stukken
2 pastinaken, in plakken
150 g bladpeterselie
2 tenen knoflook
6 peperkorrels
4 takjes tijm

Verhit de olie in een ruime pan op hoog vuur en voeg ui en prei toe. Roer tot de ui zacht wordt en doe er dan wortel, selderie, pastinaak en 3 liter koud water bij. Voeg de overige ingrediënten toe en breng aan de kook. Laat 3 uur sudderen. Haal van het vuur en zeef boven een ruime kom. Druk met de achterkant van een grote lepel de groente door de zeef om er zoveel mogelijk smaak aan te onttrekken.

dashibouillon

30 g gedroogde kombu (gedroogd zeewier)
20 g bonitoschilfers

Breng 2 liter koud water en de kombu langzaam aan de kook in een pan op halfhoog vuur. Regel het vuur zo dat dit ongeveer 10 minuten duurt. Test, als het water tegen de kook aan is, het dikste deel van het zeewier. Als het zacht aanvoelt en je duimnagel er makkelijk doorheen gaat, haal je de kombu uit de pan.

Breng het water opnieuw aan de kook, voeg een half glas water toe en strooi er de bonitoschilfers in. Haal van het vuur zodra het water kookt en schuim af. Giet de bouillon, als de schilfers naar de bodem zijn gezakt, af door kaasdoek of een erg fijne zeef. De bouillon moet helder en vrij van schilfers zijn.

* In de meeste Aziatische winkels is ook kant-en-klare dashi verkrijgbaar.

kalfsbouillon

1 kg kalfsbotten (vraag de slager ze in stukjes te hakken)
2 eetlepels olijfolie
2 uien, in ringen
3 tenen knoflook, fijngehakt
2 preien, grof gehakt
2 stengels bleekselderie, in stukken
1 laurierblaadje
6 peperkorrels

Verwarm de oven voor op 200 °C. Doe de kalfsbotten met de olijfolie op een grote bakplaat en bak 30 minuten. Voeg de groente toe en bak tot de botten goed bruin zijn. Doe geroosterde botten en groente in een ruime pan en schenk er royaal koud water overheen. Breng aan de kook en laat dan sudderen. Schuim af en voeg laurier en peperkorrels toe. Laat 4 uur zachtjes trekken. Zeef de bouillon boven een kom en laat afkoelen. Verwijder met een grote lepel eventueel vet dat boven is komen drijven. Doe weer in een pan en kook op laag vuur in om de smaak te concentreren.

kippenbouillon

1 kippenkarkas, gehakt
1 ui, in ringen
1 wortel, in plakjes
2 stengels bleekselderie, in stukken
1 prei, grof gehakt
1 laurierblaadje
paar takjes peterselie
6 peperkorrels

Doe de kippenbotten in een ruime pan en giet er 2 liter koud water over. Breng aan de kook en laat zachtjes sudderen. Schuim af en voeg de andere ingrediënten toe. Laat 3 uur sudderen op laag vuur. Zeef de bouillon boven een kom en laat afkoelen. Verwijder met een grote lepel eventueel bovendrijvend vet. Doe weer in een pan en kook op laag vuur in om de smaak te concentreren.

kweeperenpuree

6 kweeperen
sap van 1 citroen
suiker

Doe kweeperen en citroensap in een pan met 250 ml water.

Breng aan de kook en laat 30 minuten sudderen. Haal van het vuur als de kweeperen zacht zijn en draai het fruit door een groentemolen. Weeg de puree en doe hem weer in de pan, met driekwart van het gewicht aan suiker. Laat op erg laag vuur sudderen, onder af en toe roeren, tot het mengsel dik wordt. Dit kan 2-3 uur duren. Giet het mengsel, als het vrij dik is, in een bak en laat afkoelen.

limoensorbet

250 g suiker
4-5 limoenen

Los de suiker op in 1 liter water in een steelpan op laag vuur. Kook 2-3 minuten door nadat de suiker is opgelost, haal van het vuur en laat afkoelen.

Rasp de schil van 1 limoen fijn en voeg toe aan de siroop, samen met het sap van 4 limoenen. Proef en voeg eventueel extra sap toe. Doe de koude siroop in een ijsmachine en volg de gebruiksaanwijzing.

sinaasappel-mascarpone

2 eieren, wit en dooier gescheiden
2 eetlepels suiker
1 eetlepel sinaasappelrasp
250 g mascarpone
1 eetlepel Grand Marnier

Klop het eiwit stijf. Zet apart. Klop de dooiers met suiker en sinaasappelrasp licht en romig en spatel er voorzichtig mascarpone en Grand Marnier door. Spatel het eiwit door de mascarpone en zet 1 uur in de koelkast.

vanilleijs

8 dooiers
200 g fijne tafelsuiker of witte basterd
375 ml melk
375 ml room
1 vanillestokje, in de lengte gehalveerd

Klop dooiers en suikers dik en romig. Doe melk en room in een steelpan met de vanille. Breng net aan de kook en giet dan de hete melk al kloppend bij het ei en de suiker.

Giet deze custard terug in de pan en blijf kloppen op laag vuur tot de custard zo dik is dat hij aan de achterkant van een houten lepel blijft hangen. Verwijder het vanillestokje en schraap de zaadjes in de custard.

Giet het afgekoelde mengsel in een ijsmachine en volg de gebruiksaanwijzing. Je kunt het ook invriezen in een diepvriesdoos. Haal het ijsmengsel dan om de paar uur uit de vriezer en klop het door. Dit breekt de ijskristallen, zodat het ijs romiger wordt.

chocoladeijs

6 dooiers
100 g fijne tafelsuiker of witte basterd
300 ml melk
300 ml room
300 g pure chocolade, in stukjes gebroken
1 vanillestokje, in de lengte gehalveerd

Klop dooiers en suiker dik en romig. Doe melk en room in een steelpan met de vanille. Breng net aan de kook en giet dan de hete melk al kloppend bij het ei en de suiker.

Giet deze custard terug in de pan en blijf kloppen op laag vuur tot de custard zo dik is dat hij aan de achterkant van een houten lepel blijft hangen. Verwijder het vanillestokje en schraap de zaadjes in de custard. Roer de chocolade erdoor tot hij gesmolten is.

Giet het afgekoelde mengsel in een ijsmachine en volg de gebruiksaanwijzing. Je kunt het ook invriezen in een diepvriesdoos (zie hiernaast).

toffee appels

4 zoetzure appels, geschild, zonder klokhuis, in achten
3 eetlepels fijne tafelsuiker of witte basterd
2 theelepels kaneelpoeder

Schep de stukjes appel om met suiker, kaneel en 2 eetlepels water.

Doe ze in een koekenpan met dikke bodem op halfhoog vuur en laat ze karameliseren en bruinen. Draai de stukjes om als ze beginnen te karameliseren en haal ze uit de pan als ze aan beide kanten gaar zijn.

kardemom-almandelbrood

3 eiwitten
80 g fijne tafelsuiker of witte basterd
85 g zelfrijzend bakmeel
rasp van 2 sinaasappels
90 g amandelen, zonder vel
$^1/_4$ theelepel fijngemalen kardemom

Verwarm de oven voor op 180°C. Vet een cakevorm van 8 x 22 cm in en bedek met bakpapier.

Klop de eiwitten stijf en meng langzaam de suiker erdoor tot alles is opgenomen en het er glanzend uitziet. Meng het meel, sinaasappelrasp, amandelen en kardemom erdoor. Giet in de cakevorm en bak 40 minuten.

Laat het brood afkoelen op een rek. Snij het in plakken en leg de plakken op een bakplaat. Bak de plakken op 140°C voor 15 minuten of tot de plakken knapperig zijn. Laat de plakken volledig afkoelen op een rek voordat je ze in een trommel bewaart.

pannenkoekenmix

135 g zelfrijzend bakmeel
2 theelepels fijne tafelsuiker of witte basterd
1 ei
185 ml melk

Meng meel, suiker, ei en een snufje zout in een ruime kom tot een dik beslag. Klop er beetje bij beetje de melk door. Zorg dat er geen klonten ontstaan. Dek het mengsel af en zet het tot gebruik in de koelkast.

pistachebiscotti

125 g bloem
115 g fijne tafelsuiker of witte basterd
2 theelepels bakpoeder
150 g gepelde pistaches
2 eetlepels sinaasappelrasp
2 eieren, geklopt

Verwarm de oven voor op 180 °C. Meng bloem, suiker, bakpoeder, pistaches en sinaasappelrasp in een ruime kom. Maak een kuiltje in het midden en spatel er de eieren door tot een plakkerig deeg. Leg op een schoon, bebloemd oppervlak en deel het deeg in 2 delen. Rol beide delen uit tot een blok van zo'n 4 cm lengte. Leg de blokken op een bakplaat met bakpapier en laat wat ruimte vrij tussen de blokken. Bak 30 minuten. Haal uit de oven en laat afkoelen. Temper de oven naar 140 °C. Snij de baksels met een scherp broodmes in dunne plakken van zo'n 5 mm dik. Leg de koekjes op een bakplaat en zet ze weer in de oven. Bak 20 minuten onder één keer omdraaien. Haal uit de oven en laat afkoelen op een rek. Voor 30 tot 40 koekjes.

custard

2 dooiers
2 eetlepels fijne tafelsuiker of witte basterd
300 ml melk
1 vanillestokje, in de lengte gehalveerd

Klop dooiers en suiker dik en romig. Breng de melk met de vanille aan de kook in een steelpan en giet de hete melk, al kloppend, over ei- en suikermengsel.

Giet de custard weer in de pan en blijf roeren op laag vuur tot de custard dik genoeg is om te blijven plakken aan de achterkant van een houten lepel. Verwijder het vanillestokje en schraap de zaadjes in de custard.

kardemom- en rozenwatersiroop

100 g suiker
2 theelepels citroensap
5 kardemompeulen, licht geplet
1 theelepel rozenwater

Breng suiker, citroensap en kardemom langzaam aan de kook in een steelpan met 250 ml water. Zorg dat de suiker helemaal oplost, temper het vuur en laat 5 minuten sudderen.

Haal de siroop van het vuur en roer er het rozenwater door. De siroop is een paar weken houdbaar in de koelkast.

chocoladetaart-bodem

160 g boter
185 g bloem
2 eetlepels cacaopoeder

Meng alle ingrediënten in een keukenmachine. Voeg, als het deeg geen bal vormt, een scheutje koud water toe. Dek af met plasticfolie en zet een half uur in de koelkast.

Rol het deeg zo dun mogelijk uit* en bekleed er een ingevette taartvorm van 25 cm mee. Zet tot gebruik in de koelkast.

Verwarm de oven voor op 180 °C. Bedek het deeg met keukenpapier en bakbonen, gedroogde bonen of rijst en zet het 15 minuten in de oven.

Verwijder bakpapier en bakbonen en bak nog 5 minuten of tot de bodem gaar is en er droog uitziet. Voor 1 taartbodem.

* De eenvoudigste manier is het deeg uitrollen tussen twee lagen plasticfolie.

citroen- en cointreausiroop

sap van 3 citroenen
60 g suiker
1 stukje steranijs
2 eetlepels Cointreau

Breng citroensap, suiker en steranijs aan de kook in een steelpannetje. Temper het vuur en laat een paar minuten sudderen. Haal van het vuur, laat afkoelen en voeg de Cointreau toe. Een paar weken houdbaar in de koelkast.

pocheersiroop voor fruit

Kook 2 delen water op 1 deel suiker in een steelpan op halfhoog vuur tot de suiker is opgelost. Breng op smaak met zaken als kaneel, citroenschil of wijn en pocheer er fruit in.

granaatappel- en vijgensalade

6 groene vijgen, zonder vel
2 guaves
3 sinaasappelen, in segmentjes (partjes zonder vel)
2 granaatappelen

Snij vijgen en guave in dunne plakjes en doe ze in een kom met de sinaasappelpartjes. Halveer de granaatappel en lepel de zaadjes in de kom. Pers het sap over de salade.

mandarijnsalade

6 mandarijnen
1 theelepel oranjebloesemwater

Snij met een scherp mesje de segmenten (partjes zonder vel) uit 4 mandarijnen en doe ze in een kom. Pers het sap van de overige mandarijnen erover en voeg het oranjebloesemwater toe. Doe er een theelepel fijngeraspte mandarijnschil bij en roer door elkaar.

midden-oosterse fruitsalade

70 g gedroogde vijgen
70 g gedroogde abrikozen
70 g gedroogde pruimen, ontpit
50 g kristalsuiker
50 g sinaasappelsap
2 theelepels rozenwater

Snij het gedroogde fruit in stukken en doe ze in een kom. Breng suiker, 250 ml water en sinaasappelsap in een steelpan op halfhoog vuur aan de kook en los de suiker al roerend op.

Haal van het vuur en roer het rozenwater erdoor. Schenk het vocht over het fruit en laat een paar uur wellen.

gemberbrood

125 g boter
115 g suiker
90 g stroop
1 ei
175 g bloem
2 theelepels bakpoeder
4 theelepels gemberpoeder
1 theelepel kaneel
2 eetlepels stemgember in siroop, geraspt
60 ml brandy

Verwarm de oven voor op 170 °C. Vet een cakevorm van 23 x 13 x 7 cm in. Klop suiker en boter licht en luchtig. Klop er stroop en ei door. Werk er de droge ingrediënten door en spatel dan de geraspte gember en brandy erdoor. Giet in de cakevorm en bak 1 uur en 45 minuten of tot een in het midden gestoken prikker er weer schoon uitkomt. Serveer in dikke plakken met room.

taartbodem van zoet kruimeldeeg

200 g bloem
100 g boter
1 eetlepel fijne tafelsuiker of witte basterd

Meng bloem, boter, suiker en een snufje zout 1 minuut in een keukenmachine. Voeg 2 eetlepels gekoeld water toe en draai tot het mengsel een bal vormt. Verpak het deeg in plasticfolie en leg 30 minuten in de koelkast.

Rol het deeg zo dun mogelijk uit* en bedek er een ingevette bakvorm van 25 cm of zes vormpjes van 8 cm doorsnee mee. Zet weer 30 minuten in de koelkast. Prik gaatjes in de bodem, leg er bakpapier op en vul met rijst of bakbonen. Zet de vorm 10-15 minuten in een voorverwarmde oven van 180 °C of tot het deeg er gaar en droog uitziet. Haal uit de oven en laat afkoelen. Voor 1 taartbodem**.

* De eenvoudigste manier is het deeg uitrollen tussen twee lagen plasticfolie.

** Bodems die niet meteen worden gebruikt, kunnen enkele weken worden bewaard in de vriezer. Doe de bodem meteen uit de vriezer in een voorverwarmde oven (ontdooien is niet nodig).

verklarende woordenlijst

balsamicoazijn

Balsamicoazijn is een donkere, geurige, zoetige en gerijpte azijn van druivensap. De productie van authentieke balsamicoazijn wordt zorgvuldig gecontroleerd. Op flessen met het authentieke product staat 'Aceto Balsamico Tradizionale de Modena' terwijl op de commerciële soorten alleen 'Aceto Balsamico de Modena' staat.

bamboe stoommandje

Dit goedkope, gevlochten bamboe mandje heeft een deksel en een stoom doorlatende bodem. Het wordt met ingrediënten erin op een pan kokend water gezet om de inhoud te koken. Verkrijgbaar bij toko's en de meeste kookwinkels.

basilicum

De meest gebruikte is de zoete of Genuese variant, vooral bekend uit de Italiaanse keuken. Thaise basilicum wordt gebruikt in Zuidoost-Azië. Voor optimale smaak moeten de blaadjes worden gescheurd en niet gehakt of gesneden.

bocconcini

Kleine balletjes mozzarella, vaak verkocht in hun eigen wei. Vers zijn ze zacht en veerkrachtig, met een aparte melkachtige smaak. Verkrijgbaar in supermarkten en delicatessenwinkels.

bruine miso

Bruine miso (hatcho miso; ook wel 'rode miso' genoemd) is een gefermenteerde pasta van soja, zout en rijst of gerst. Wordt veel gebruikt in de Japanse keuken, in soepen, dressings, bouillons, sauzen en inmaakgerechten. Bruine miso is voller van smaak dan witte. Verkrijgbaar in toko's en natuurvoedingswinkels.

bulgur

Bulgur, of burghul, wordt gemaakt van tarwe, dat wordt gestoomd en gebakken om het kookproces te versnellen. Je hebt hele en gebroken korrels in de maten fijn, medium en grof. In het Midden-Oosten gebruikt voor gerechten als tabouleh.

casareccia

Deze korte stukjes, gerolde en gedraaide pasta worden traditioneel geserveerd met een vleessaus.

Chinees vijfkruidenpoeder

Dit aromatische mengsel bestaat uit zwarte peper (of szechuanpeper), steranijs, venkelzaad, cassia (of kaneel) en kruidnagel.

Chinese zwarte azijn

Deze rijstazijn is scherper dan de witte en wordt traditioneel gebruikt voor roerbakken, soepen en dipsauzen. De beste kwaliteit komt uit de provincie Tsjingkiang.

Chinese zwarte bonen

Deze gezouten zwarte bonen zijn zowel vacuüm verpakt als in blik verkrijgbaar bij toko's.

chipotlepeper

In feite rijpe en gerookte jalapeñopepers*. Verkrijgbaar in potjes of in gedroogde vorm. In het laatste geval moeten ze voor gebruik eerst wellen in warm water. Eventueel te vervangen door rodepepervlokken of de pikante variant Spaans paprikapoeder*.

chocolade

Couverture is de beste kwaliteit voor de keuken. Deze bitterzoete chocolade heeft het hoogste percentage cacaoboter. Verkrijgbaar bij delicatessenwinkels.

ciabatta

Italiaans voor 'pantoffel' en het brood moet dus eigenlijk die vorm hebben. Het is licht, heeft een poreuze structuur en Italianen gebruiken het vooral voor sandwiches.

citroenblaadjes (daun djeroek poeroet)

Geurige blaadjes van de citroenstruik (citrus hystrix) die gekneusd of in reepjes worden gebruikt voor Thaise en Indonesische gerechten. Gebruik het liefst verse. Ze zijn ook gedroogd of diepgevroren verkrijgbaar bij toko's.

citroengras

Deze lange geurige stengels zijn erg populair in de Thaise keuken. De harde buitenlagen moeten eerst worden verwijderd en daarna kan het fijngehakt worden of in zijn geheel in soepen worden gedaan. Citroengras is ongeveer twee weken houdbaar.

crème fraîche

Natuurlijk aangezuurde room die in tegenstelling tot zure room aan warme gerechten kan worden toegevoegd zonder dat hij gaat schiften.

curryblad (daun salam of salamblad)
Aromatische blaadjes van een boom uit India en Sri Lanka. Ze geven een aparte smaak aan Zuid-Indiase gerechten. Ze worden óf gebakken en dan bij het gerecht gedaan óf gebruikt als garnering.

daikon
Daikon is een grote witte radijs. De smaak varieert van mild tot scherp, afhankelijk van seizoen en soort. Daikon bevat een enzym dat de spijsvertering bevordert. Het kan vers worden geraspt of meegekookt in bouillons en is verkrijgbaar bij sommige toko's en Aziatische groentewinkels. Zoek stevige, glanzende en onbeschadigde exemplaren uit.

dashikorrels
Hier kun je instant dashibouillon van maken door gewoon kokend water toe te voegen.

enoki
Deze bleke, delicate paddestoelen hebben een lang dun steeltje en een klein hoedje en hoeven maar heel kort te worden gebakken.

feta
Een witte kaas die oorspronkelijk werd gemaakt van schapen- of geitenmelk (nu vaak koemelk). De verse kaas wordt gezouten, in blokken gesneden en verder gerijpt in zijn eigen wei. Hij moet in wei of olie worden bewaard, want anders gaat hij snel achteruit. Perzische feta is buitengewoon romig. Verkrijgbaar in de meeste supermarkten.

funghi porcini
Gedroogd eekhoorntjesbrood. Verkrijgbaar bij (Italiaanse) delicatessenwinkels.

galanga
Deze wortelstok, die familie is van de gember, is erg populair in de Thaise keuken.

garam masala
Een Indiaas kerriepoeder dat aan het eind van de kooktijd wordt toegevoegd om aroma's en smaken te versterken. Meestal een mengsel van kardemom, komijn, kruidnagel en kaneel plus eventueel koriander, zwarte peper of venkelzaad.

gekonfijte citroen
Hele citroenen, ingelegd in zout of zout water, zodat de schil zacht wordt. Alleen de schil wordt gebruikt – de pulp moet er worden afgeschrapt en weggegooid. Verkrijgbaar bij delicatessenwinkels.

gelatineblaadjes
Blaadjes gelatine zijn er in verschillende formaten. Lees altijd de instructies op de verpakking. Je kunt ook gelatine in poedervorm gebruiken.

gerookte forel
Gerookte forel wordt meestal vacuüm verpakt verkocht in filets. Controleer voor gebruik even op kleine graatjes.

granaatappel-siroop
Een dikke siroop van ingekookt granaatappelsap. Het heeft een bitterzoete smaak en geeft een lichtzuur accent aan veel gerechten uit het Midden-Oosten. Verkrijgbaar in (oosterse) delicatessenwinkels. Eventueel te vervangen door gezoete tamarinde.

groene currypasta
Een hete en kruidige pasta van gemalen groene pepers, kruiden en specerijen, verkrijgbaar in toko's. Je kunt hem ook zelf maken: doe 4 lange groene pepers, 3 citroenblaadjes, 4 theelepels geraspte gember, 4 theelepels citroenrasp, 2 theelepels korianderpoeders, 2 theelepels komijnpoeder, $^1/_2$ theelepel kurkuma, 2 theelepels trassi, 1 theelepel tamarindepulp, 1 fijngehakte stengel citroengras, 1 eetlepel gehakte korianderwortel, 40 g korianderblaadjes en 2 theelepels bruine suiker in een keukenmachine of blender. Voeg met draaiende motor 2-3 eetlepels arachideolie toe en draai tot een gladde pasta. Maximaal 2 weken houdbaar in een goed afgesloten doos in de koelkast. Voor 125 ml.

haloumi
Haloumi is een halfharde schapenkaas. Hij heeft een rubberachtige structuur die zacht en mals wordt als de kaas wordt gegrild of gebakken. Verkrijgbaar bij Marokkaanse winkels.

haricot vert
Dunne sperzieboon die tegelijk knapperig en zacht is.

ingemaakte gember
Japanse ingemaakte gember moet niet worden verward met de ingemaakte blokjes zoete stemgember. De dunne plakjes jonge gember worden ingelegd in zoete azijn en krijgen daardoor een aparte roze kleur. (Felroze gember bevat kleurstof.) De azijn is ideaal voor sauzen die een zoetzuur gemberaccent nodig hebben.

jalapeñopepers
Kleine ingemaakte jalapeño's zijn in potjes verkrijgbaar. Ze geven een zoet maar erg heet accent aan salsa's en moeten, zoals de meeste pepers, naar eigen smaak en met beleid worden gebruikt.

Japanse aubergine
Kleiner en rechter dan de gewone aubergine. De Japanse soort heeft ook zachter en wat zoeter vlees.

jonge gember
('stemgember') Heeft niet de houtachtige structuur van oudere gember, maar een zachte, gele schil, met soms nog een stukje groene stam. De smaak is niet zo sterk en prikkelend als van oude gember.

kaneel
Meestal verkocht in poedervorm, maar ook verkrijgbaar in zogenaamde 'pijpjes', wat in feite stukjes bast van de kaneelboom zijn.

kappertjes
Dit zijn de groene knopjes van een mediterrane struik, geconserveerd in azijn of zout. Gezouten kappertjes hebben een steviger structuur en meer aroma. Spoel voor gebruik grondig af. Verkrijgbaar bij delicatessenwinkels en supermarkten.

kastanje- en grotchampignons
Deze champignons zijn smakelijker en steviger dan gewone champignons. Grote soorten heten portobello's.

kokosmelk
Niet het water dat in de kokosnoot zit maar een wit, melkachtig vocht dat gewonnen wordt van het vruchtvlees. In blik verkrijgbaar in Aziatische winkels en sommige supermarkten. Voor de beste smaak schenk je de melk uit en wacht je tot zich een dikke roomlaag vormt op de bovenkant. Gebruik alleen deze roomlaag.

kurkuma (koenjit)
Wordt ook wel 'armelui's saffraan' genoemd, maar kan die echt niet vervangen. Kurkuma, of geelwortel, wordt gemaakt van een tropische wortel die verwant is aan de gember.

lime pickle
Indiase ingemaakte limoen. Verkrijgbaar bij Hindoestaans-Surinaamse toko's of delicatessenwinkels. Meestal geserveerd als bijgerecht in de Indiase keuken.

marsala
Misschien Italië's bekendste versterkte wijn. Er bestaan zoete en droge varianten. Hij wordt gebruikt voor desserts als zabaglione en combineert perfect met eieren, room en amandelen.

mascarpone
Dikke, Italiaanse room die wordt gebruikt als basis voor veel zoete en hartige gerechten.

mesclun
Een groene salade, die oorspronkelijk uit de Provence komt en een selectie van jonge, kleine blaadjes bevat.

mierikswortel
Verse mierikswortel is een lange, witte wortel met een knobbelige bruine schil. Zeer pittig en peperig. In potjes kant-en-klare mierikswortel zit bijna altijd te veel suiker.

mirin
Rijstwijn uit de Japanse keuken. Geeft wat zoetheid aan sauzen en dressings en wordt ook gebruikt voor marineren en glaceren van gerechten als teriyaki. Verkrijgbaar in toko's en delicatessenwinkels.

mizuna
Zachte, jonge slablaadjes met een aangenaam peperige smaak. Eventueel te vervangen door milde rucola.

mozzarella
Verse mozzarella is in de meeste (Italiaanse) delicatessenwinkels te krijgen en herkenbaar aan zijn zachte, witte uiterlijk en balvorm. Heel wat anders dan de fabrieksmozzarella, die vooral wordt gebruikt op pizza's. Wordt meestal verkocht in wei.

mosterdzaad
Mosterdzaad heeft een scherpe, hete smaak die milder wordt na verhitting. Er is bruin en geel mosterdzaad verkrijgbaar, maar meestal zie je bruin.

munt
Er zijn veel soorten munt, waaronder groene munt, pepermunt en appelmunt, maar de gewone soort doet het prima in salade of als garnering.

oestersaus
Deze dikke bruine saus, gemaakt van oesters, sojasaus, zout en kruiden, is populair in de Aziatische keuken.

oesterzwammen
Fraai gevormde, delicaat smakende paddestoelen, meestal grijsbruin van kleur, maar je hebt ook roze en gele varianten.

oranjebloesem-water
Destillaat van de bloesem van de bittere sinaasappel dat vooral wordt gebruikt als smaakmaker in gebak en drankjes. Verkrijgbaar bij (oosterse) delicatessenwinkels.

orechiette
'Orechiette' is Italiaans voor 'oortjes' en het is duidelijk waarom deze schijfjes pasta zo heten.

palmsuiker (goela merah)
Gewonnen uit het sap van verschillende palmsoorten. Goela djawa is suiker van de kokospalm. Het wordt verkocht in blokken en als hij erg hard is, moet hij worden geschaafd. Verkrijgbaar in toko's. Eventueel te vervangen door bruine basterd.

pancetta
Pancetta is gezouten en gerijpt buikspek. Verkrijgbaar bij (Italiaanse) delicatessenwinkels, opgerold en dungesneden of aan het stuk, zodat het in blokjes kan worden gesneden. Het geeft een rijke speksmaak aan gerechten.

pannetone
Een aromatisch Noord-Italiaans gistbrood met rozijnen en gesuikerde citrusschil. Het wordt traditioneel gegeten met Kertsmis en rond die tijd is het ook in de meeste (Italiaanse) delicatessenwinkels te vinden. Er zijn ook kleine varianten.

papaja
Deze grote tropische vrucht kan oranje, rood of geel zijn. Hij bevat (net als ananas) een enzym dat de werking van gelatine tegengaat, dus gebruik hem niet voor gerechten die gelatine bevatten.

pesto
Kant-en-klaar verkrijgbaar in elke supermarkt, maar die is zelden authentiek. Echte pesto is een (niet al te fijn) gepureerde saus van basilicum, knoflook, parmezaan (of peccorino), pijnboompitten en olijfolie.

piment
Piment of jamaïcapeper is net iets groter dan een peperkorrel en smaakt naar een mengsel van kaneel, kruidnagel en een vleugje nootmuskaat.

prosciutto
Prosciutto is een licht gepekelde ham die aan de lucht is gedroogd. Hij wordt meestal dungesneden verkocht en is verkrijgbaar bij (Italiaanse) delicatessenwinkels. Eventueel te vervangen door serrano ham.

pruimensaus
Dikke en bitterzoete saus van ingemaakte pruimen, rode peper, gember, azijn en suiker. Een populair ingrediënt in de Chinese keuken.

puylinzen
Oorspronkelijk afkomstig van de vulkanische gronden rond de Franse stad Le Puy-en-Velay. Ze worden zeer gewaardeerd om hun smaak en vanwege het feit dat ze niet snel kapot koken.

ricotta
Verkrijgbaar in rondjes of plakken. De rondjes zijn meestal wat steviger en beter geschikt om te bakken. Laat plakken ricotta eerst goed uitlekken in kaasdoek.

rijstwijnazijn
Deze azijn wordt gemaakt van gefermenteerde azijn en hij is er in een witte, een rode en een zwarte variant. Als er geen verdere aanduiding in het recept staat, gebruik je de witte.

risoni
Pasta in de vorm van rijstkorrels.

risottorijst
Er zijn drie bekende soorten risottorijst: arborio, een grote, bolle korrel die een wat plakkerige risotto geeft; vialone nano, een kortere korrel die een lossere consistentie geeft en wat beet in het midden van de korrel houdt; en carnaroli, van dezelfde omvang als vialone nano, voor een wat stevigere risotto.

room
Room is er in diverse vetpercentages. Echte slagroom moet een vetpercentage van minimaal 35 procent hebben, anders is hij niet te kloppen. Slankroom bevat minder vet, maar in plaats daarvan emulgatoren, zodat hij toch stijf is te kloppen.

roseval aardappelen
Deze kleine, langwerpige, vastkokende aardappeltjes zijn ideaal om te koken en voor salades.

rozenwater
Essence van rozenblaadjes dat een geparfumeerde smaak aan gebak en puddinkjes geeft. Verkrijgbaar bij (oosterse) delicatessenwinkels.

roze-peperkorrels
Geen echte peper maar de aromatische, gedroogde rode bessen van een Zuid-Amerikaanse struik. Met mate gebruiken want ze zijn licht giftig.

saffraan
De oranje-rode stempels van een krokussoort. Saffraan is duur en wordt in kleine hoeveelheden verkocht. Maak er spaarzaam gebruik van, want de smaak is erg dominant.

sesamolie
Verkrijgbaar in twee varianten: de donkere en scherpere uit China, die is gemaakt van geroosterd sesamzaad, en de lichtere, niet-geroosterde variant uit het Midden-Oosten.

shii-take
Deze Aziatische paddestoelen hebben witte plaatjes en een bruine hoed. De structuur is vlezig en ze houden goed hun vorm bij verhitting. Gedroogde shii-take worden ook wel verkocht als gedroogde Chinese paddestoelen.

somennoedels
Dunne, Japanse tarwenoedels, die gedroogd en in bundeltjes te koop zijn in Aziatische en natuurvoedingswinkels.

Spaans paprikapoeder
Gewoon paprikapoeder wordt gemaakt van gedroogde paprika's. Voor Spaans paprikapoeder worden de paprika's eerst gerookt, waardoor het poeder een aantrekkelijke, aardse rooksmaak krijgt. Het is er in de varianten 'dulce' (zoet), medium en 'picante' (scherp). Verkrijgbaar bij (Spaanse) delicatessenwinkels.

steranijs
Een fraaie, stervormige, gedroogde vrucht met kleine, ovale bruine zaadjes. De smaak lijkt op gewone anijs maar dan iets droppiger. Wordt meestal in zijn geheel gebruikt vanwege de decoratieve vorm.

sumak
Een peperig zure specerij van gedroogde en gemalen sumakbessen, van de gelijknamige struik. Typisch voor de keukens van het Midden-Oosten. verkrijgbaar in (oosterse) delicatessenwinkels.

szechuanpeper
De gedroogde roodbruine bessen van de xanthoxylum piperitum, een boom uit de Chinese provincie Szechuan. De peper heeft een kruidige, aardse smaak en kan licht verdovend werken. Rooster de korrels eerst in een droge pan en maal ze dan voor een optimale smaak. Eventueel vervangen door de Japanse sanchopeper

tahin
Een romige pasta van licht geroosterd en gemalen sesamzaad. Verkrijgbaar in natuurvoedingswinkels.

tamari
Een natuurlijk gebrouwen, Japanse sojasaus van gefermenteerde sojabonen, rijst, water en zout.

tamarinde
De zure pulp van een Aziatische vrucht. Het is in toko's meestal verkrijgbaar in samengeperste blokken of als puree in een potje. Doe voor tamarindewater 100 g tamarindepulp in een kom en giet er 500 ml kokend water op. Laat 1 uur trekken en roer af en toe om, om de vezels te breken. Volg voor het gebruik van de puree de aanwijzing op de verpakking.

tofu
Gemaakt van sojabonen en een geweldige bron van eiwitten. Het is vlak van smaak en neemt de smaak over van de andere ingrediënten. Het wordt meestal verkocht in blokken en er zijn verschillende varianten, zowel zachte als stevige.

tortilla's
Dun, rond, ongerezen brood dat in Mexico wordt gebruikt voor een wrap. Ze zijn voorverpakt verkrijgbaar in de meeste supermarkten.

vanille
Het lange, dunne, zwarte vanillestokje heeft, in tegenstelling tot het synthetische vanille-aroma, een fantastische karamelgeur. Stokjes van goede kwaliteit zijn zacht en niet te droog. Bewaar ze in een pot suiker en de smaak zal ook in de suiker dringen.

veldsla
Ook bekend onder de Franse naam 'mâche'. Kleine, donkergroene blaadjes met een heerlijke, nootachtige smaak.

Vietnamese munt
Wordt ook wel laksablad, Cambodjaanse munt of zelfs Vietnamese koriander genoemd. Het is dan ook geen echte munt. Het heeft lange, smalle paarse en groene blaadjes met een bittere en scherpe smaak. Het wordt vooral gebruikt bij loempiaatjes en voor de beroemde laksasoep.

vissaus
Sterk smakend, zout vocht van gefermenteerde vis, dat wordt gebruikt in de Zuid-Aziatische keuken voor een zoute, hartige smaak. Bewaar hem in de koelkast.

walnotenolie
Om de heerlijke smaak van deze olie te bewaren moet je hem in de koelkast óf maximaal drie maanden op een koele plek uit zonlicht bewaren.

waterkastanjes
De eetbare, witte en knapperige knol van een waterplant die een delicate structuur geeft aan veel Zuidoost-Aziatische gerechten. Vers zijn ze te koop bij Chinese toko's, maar je ziet ze vooral, heel of gesneden, in blik.

wijnbladeren
De grote, groene bladeren van de wijnstok zijn verkrijgbaar in blikjes, potjes en plastic verpakking. Ze worden gebruikt in de Griekse en Midden-Oosterse keuken om eten in te verpakken. Bladeren in zout water moeten worden afgespoeld voor gebruik om ze wat minder zout te maken. Vers, jong blad kan zacht worden gemaakt door het 10 minuten te laten sudderen in water.

witte bonen
Witte bonen zijn er in diverse soorten en maten, van de kleine cannellini tot de grote flageolets.

witte miso
Witte miso (die eigenlijk lichtgeel is) is de gefermenteerde pasta van sojabonen, zoute rijst of gerst. Miso wordt veel gebruikt in de Japanse keuken, in soepen, dressings, bouillons, sauzen en inmaakgerechten. Witte miso heeft een zoete, milde smaak en bevat relatief weinig zout. Verkrijgbaar bij toko's en natuurvoedingswinkels.

wontonvelletjes
Deze flinterdunne velletjes deeg zijn vers of diepgevroren verkrijgbaar bij toko's. Je kunt ze vullen met allerlei ingrediënten en dan stomen, frituren of pocheren in bouillon. Ze zijn er zowel rond als vierkant en in verschillende diktes.

zwart sesamzaad
Wordt vooral gebruikt in de Aziatische keuken, voor kleur, beet en een aparte smaak. Verkrijgbaar in de meeste toko's. Bewaar het zaad niet te lang, want na verloop van tijd wordt het ranzig.

maten

1 eetlepel = 20 ml

1 theelepel = 2,5 ml

register